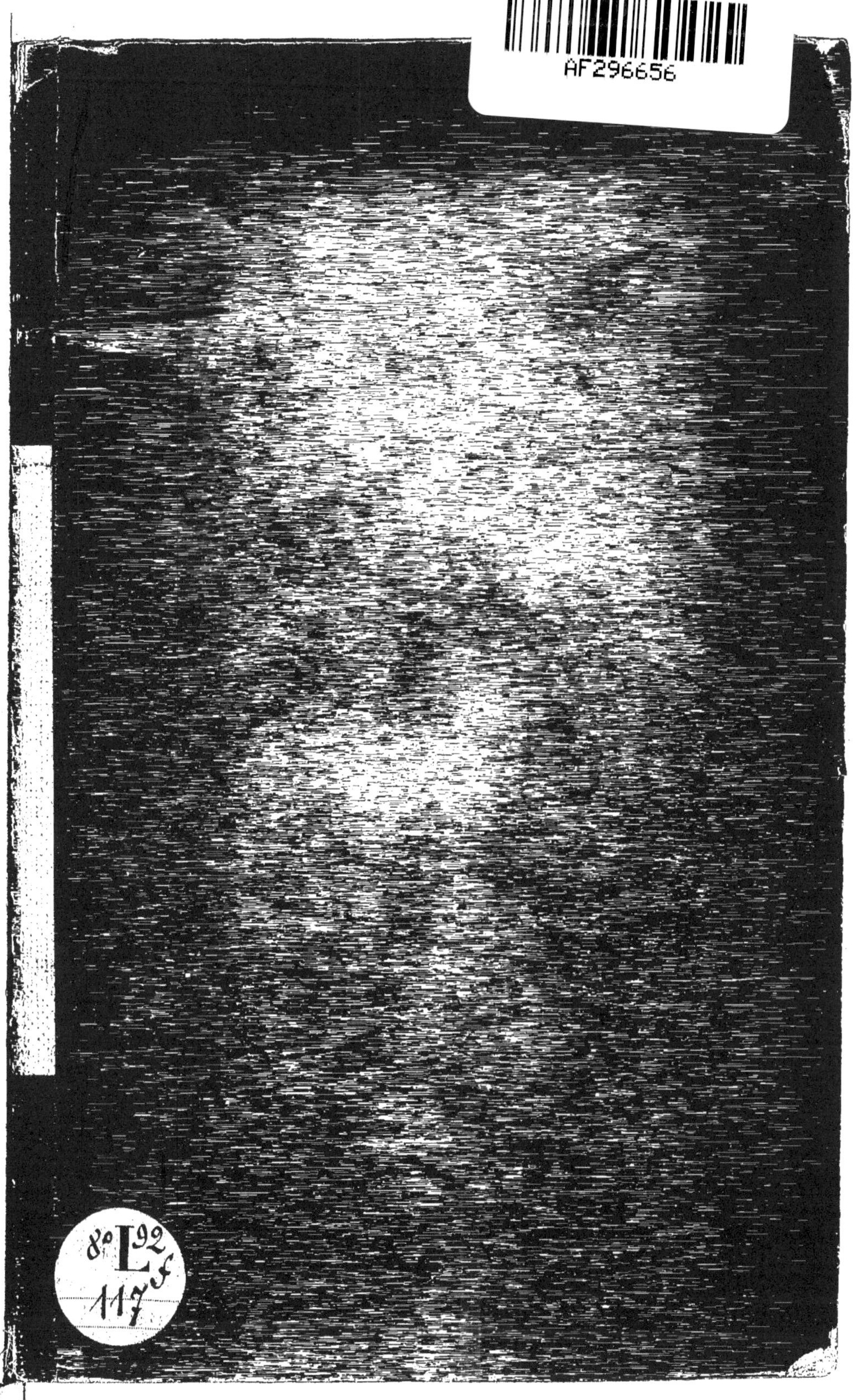

LA
POSTE MONTBÉLIARDAISE
AUX XVIIe & XVIIIe SIÈCLES

Maîtres de Poste. — Messagers. — Taxe des Lettres.
Produit de la Poste.
Coches, Diligences et Messageries.

D'APRÈS DES DOCUMENTS INÉDITS

PAR

Julien MAUVEAUX
Archiviste Municipal

MONTBÉLIARD
SOCIÉTÉ ANONYME D'IMPRIMERIE MONTBÉLIARDAISE
1907

LA POSTE MONTBÉLIARDAISE AUX XVIIe & XVIIIe SIÈCLES

Maîtres de Poste. — Messagers. — Taxe des Lettres.
Produit de la Poste.
Coches, Diligences et Messageries.

D'APRÈS DES DOCUMENTS INÉDITS

PAR

Julien **MAUVEAUX**
Archiviste Municipal

MONTBÉLIARD
SOCIÉTÉ ANONYME D'IMPRIMERIE MONTBÉLIARDAISE
—
1907

Extrait des Mémoires de la Société d'Emulation de Montbéliard.

I

Les Maîtres de Poste.

Malgré la neutralité observée par le comte Georges II entre la France et l'Autriche, Louis XIV qui, depuis deux ans sollicitait l'établissement d'une garnison française à Montbéliard et avait essuyé des refus successifs, fit occuper la ville, le 8 novembre 1676, par le maréchal de Luxembourg ([1]).

Maître déjà de la Franche-Comté, le roi de France avait intérêt à maintenir des communications régulières pour sa correspondance, entre cette province et l'Alsace qu'il venait de conquérir. Les maîtres de poste qu'il institue à Montbéliard « tant pour les lettres que pour les chevaux » sont des bourgeois de cette ville ([2]). Le premier dont on trouve la trace est un nommé Jean Beurnier, marchand, qui, à la date du 12 octobre 1697 « fait conster par lettres d'établissement de Maître de poste en l'an 1676 une exemption entière de logement de gens de guerre ou à solde » pour le quartier d'hiver de 1676 ([3]).

---

(1) *Arch. comm. de Montbéliard.* BB. 2, page 92, Prise de Montbéliard par Luxembourg.

(2) *Arch. comm. de Montbéliard.* Note du Conseil de régence (sans date mais postérieure à 1739).

(3) *Arch. comm. de Montbéliard.* CC. 24.

Comme commensaux de la maison du roi, les maîtres de poste depuis leur établissement étaient exempts de la taille. Une ordonnance de François Ier du 3 sept. 1543 leur confirma ce privilège. Par déclaration royale du 30 déc. 1652, Louis XIV confirma tous les privilèges accordés précédemment aux maîtres de poste. Des lettres patentes du 24 mai 1668 ramenèrent à 30 livres l'exemption de la taille pour les maîtres de poste ; elles leur permettaient d'exploiter jusqu'à 50 arpents de terre labourable tant de leur propre bien que de celui de leur ferme. Ils étaient en outre exempts de tutelle, curatelle, loge-

En 1696, nous voyons d'autre part Louis XIV révoquer « pour bonnes considérations » Claude Girard « maistre de la poste de Montbéliard au Comté de Bourgogne », charge dont il l'avait pourvu ([1]).

Un brevet du 29 décembre 1696, lui désigna comme successeur David Lorillard « sur les bons tesmoignages... rendus de sa capacité et expérience au faict des postes, diligence et bonne conduite... ainsy que de la profession qu'il faict de la religion catholique, apostolique et romaine » ([2]).

A la suite du traité de Ryswick (29 oct. 1697), la France restitua Montbéliard au comte Georges. Celui-ci rentré à Montbéliard le 7 février 1698, institue Jacques Schor, comme maître de la poste aux lettres et aux chevaux, à charge d'entretenir quatre chevaux bons et propres pour l'usage des dites postes. A partir du premier mars 1698, Schor devait recevoir un gage de 200 livres, plus 180 livres pour la nourriture de ses chevaux et être exempt d'entrée et d'angal jusqu'à concurrence de cent tines de vin annuellement ([3]).

Jacques Schor acheta des chevaux et du fourrage, mais sa nomination demeura lettre morte ([4]). Louis XIV, le 3 février

---

ment et contribution aux dépenses des gens de guerre. « Sa dite Majesté [Louis XIV], en exécution des dites Lettres Patentes du mois de May 1597, les a déclaré et déclare exempts dans toutes les villes, bourgs et bourgades du royaume des guets et gardes des portes, des commissions, des levées de deniers qui se font pour les pauvres, boues, lanternes, des tutelles et curatelles et charges d'eschevins et consuls, ensemble du logement effectif des gens de guerre... » *Réglement du 1er avril 1670 que Sa Majesté veut être observé pour le louage des chevaux... en conséquence de l'arrest contradictoire de son Conseil du onzième février 1679.*

(1) *Arch. Nation. Fonds Montbéliard.* K. 1941. Cf. Brevet de Lorillard.

(2) *Arch. Nation. Fonds Montbéliard.* K. 1941. Brevet de David Lorillard comme maître de la Poste aux lettres.

(3) *Arch. Nation. Fonds Montbéliard.* K. 1941. Institution de Jacques Schor comme maître de la poste (10 février 1698). Ordonnance du même jour fixant ses gages.

(4) *Arch. Nation. Fonds Montbéliard.* K. 1941. Le 28 déc. 1712, Schor supplie le comte Léopold-Eberhard de lui accorder une indemnité de 30 écus « pour frais et interret qu'il a soutenu et suporter en lan mil six cent nonoante huiste que S. A. S. Monseigneur le Duc George... luy fit l'honneur et la grâce de luy faire expediere Brevet pour estre Maitre de poste en conseiquance duquel et par les ordres de sa dite Altaisse cerenissime, il fit emplaite de cheveau et de prouvision sans ce que cependant qu'il y aye iouis du Benefice de la dite poste... » Il reçut paiement des 30 écus demandés, le 2 janv. 1713.

1698, avait fait, il est vrai, retirer du château de Montbéliard la compagnie d'infanterie qui l'occupait ainsi que le curé qui y était installé. En même temps la poste et le bureau créés à Montbéliard pendant la guerre, avaient été levés, mais le bureau transféré à Clerval n'y demeura pas longtemps. Peu après, le roi de France le fixait de nouveau, devant le pont de Voujaucourt, sur les terres de Montbéliard et la poste aux lettres et aux chevaux était elle-même rétablie dans cette ville. Malgré les réclamations du comte Georges et plus tard celles de son fils Léopold-Eberhard, la France l'y maintint jusqu'en 1718.

David Lorillard, nommé par Louis XIV, maître de poste à Montbéliard en décembre 1696, exerça ses fonctions jusqu'en 1710. Il fut révoqué pour des raisons qui nous échappent. Un brevet du roi, daté de Versailles du 4 février 1710, nomma à cette maîtrise vacante Jean Greys « vu la profession qu'il faict de la religion catholique, apostolique et romaine » (1).

Ce dernier remplit sa charge un peu plus de trois ans. Nous voyons, en 1713, le directeur des postes de Besançon se plaindre du maître de poste Greys qui a abandonné son service quoiqu'il ait reçu non seulement comme les autres maîtres de poste, les gages du roi correspondant aux six derniers mois de 1712, mais encore les gages afférents au service des « ordinaires » pour les six premiers mois de l'année courante. C'est là, fait remarquer le directeur, « une conduite très préjudiciable au service du roi et digne d'une sévère prison », et il invite le conseiller Duvernois à l'incarcérer et à le forcer de continuer son office jusqu'à son remplacement (2).

Le marchand Jean Beurnier lui succéda. David Lorillard, destitué en 1710 « s'ingérait » malgré la perte de son office « de recevoir et distribuer encore les paquets des lettres de Besançon et Belfort ». Jean Beurnier porta plainte au Conseil qui fit défense à Lorillard de distribuer les lettres (3).

A la suite de nouvelles remontrances adressées à la France par Léopold-Eberhard, la poste royale de Montbéliard fut enfin

---

(1) *Arch. Nation. Fonds Montbéliard.* K. 1941. Copie vidimée de brevet.

(2) *Ludwigsburg. Actendepot.* Lettre du Directeur des Postes de Besançon au Conseiller Duvernois (13 juin 1713).

(3) *Arch. Nation. Fonds Montbéliard.* K. 1941. Décision du Conseil du 20 mai 1713.

supprimée en 1718. Le prince la remplaça immédiatement par l'ouverture d'un bureau pour les lettres et l'établissement d'un messager de Montbéliard à Belfort.

L'ordonnance du Conseil de régence du 9 novembre 1718 (1) qui enregistre cette double création, nous apprend que le bureau des lettres est établi chez Augustin Felgenhauer, originaire du margraviat de Bade-Durlach. Celui-ci était secrétaire privé de Léopold-Eberhard et remplissait en outre au château les fonctions d'auditeur de comptes et d'expéditeur des affaires en langue allemande, avec un gage annuel de 400 livres (2).

A l'origine, Felgenhauer n'avait pas à proprement parler le service des postes, il assurait seulement la distribution des lettres à Montbéliard (3). Il recevait pour cette distribution 30 sols par semaine (4) et on lui remboursait le prix de ses fournitures. C'est ainsi qu'il lui est « passé » par an, pour chandelles, 11 livres 10 sols, et pour ficelles, cire, papier, encre, etc., 10 livres 13 sols 6 deniers. Il semble que le produit de la poste qui s'éleva du premier novembre 1719 au premier novembre 1721 à la somme de 741 livres 11 sols 3 deniers, lui ait été cependant abandonné. Dans tous les cas, il ne rendit point compte de sa gestion pour cette période, estimant que « S. A. S. de glorieuse mémoire lui ayant fait payer son gage en entier de secrétaire, au mois de décembre 1722... sa dite Altesse Serenissime lui faisait grâce du profit (5) ».

Le 4 juillet 1724, Felgenhauer fut définitivement agréé comme maître de poste à Montbéliard. A partir du 1er janvier 1724, il versa entre les mains du Receveur de la Seigneurie, une redevance annuelle de 100 livres. Il supportait personnellement les ports de lettres de Belfort à Montbéliard, pour toute la correspondance adressée à la Seigneurie, au Conseil de régence et à la Chambre des comptes et domaines; il entretenait aussi le

(1) *Arch. Nat. Fonds Montbéliard.* K. 1941. Etablissement d'un bureau pour les lettres avec le secrétaire Felgenhauer comme titulaire (9 nov. 1718).

(2) *Arch. comm. de Montbéliard.* Note du Conseil de régence, sans date mais postérieure à 1739.

(3) *Ludwigsburg. Actendepot.*

(4) *Arch. Nation. Fonds Montbéliard.* K. 1941. Etat des gages et émoluments du Sr Felgenhauer dès 1721.

(5) *Arch. Nation. Fonds Montbéliard.* K. 1941. Déclarations de Felgenhauer.

messager à ses frais. Par contre, il bénéficiait du produit de la poste (1).

Les insolences et les malversations de Felgenhauer amenèrent quelques années plus tard sa déchéance. Nous voyons le Conseil de régence se plaindre en 1731 de la mauvaise administration du maître de poste de Montbéliard qui est un ivrogne incorrigible et sourd à tous les ordres qui lui sont donnés, jette par la fenêtre les instructions du Conseil ou en publie les met « à ses fesses » comme un « mouchoir » (2). D'autre part, d'informations ouvertes contre lui entre 1721 et 1731, il résulte qu'il mettait de la négligence à régler ses comptes avec le bureau de Belfort, surtaxait les lettres, refusait fréquemment d'en distribuer certaines à leur adresse, se permettait d'en ouvrir d'autres et non seulement manquait de respect envers le Conseil de régence, mais encore à l'égard du général de Montigny (3). Le 6 mars 1731, il fut démis de son emploi (4).

---

(1) *Archiv. Nation.* K. 1941. Amodiation de la poste à Felgenhauer.

(2) *Ludwigsburg. Actendepot.* Plaintes du Conseil, du 15 fév. 1731.

(3) *Arch. Nation. Fonds Montbéliard.* K. 1941. Informations contre Felgenhauer (1726-1731), 43 pièces.

(4) Augustin Felgenhauer, « secrétaire privé de S. A. S., Directeur de la Poste et bourgeois de Montbéliard », décéda dans le courant de 1731. Il avait épousé Anne-Elisabeth Strobel et laissait une fille, Marie-Madeleine-Christine, mariée à Gottlob Dünnebier, chirurgien.

L'inventaire de ses biens fut dressé le 17 décembre. Sa bibliothèque comprenait 246 volumes, dont le catalogue est rédigé en allemand. On y remarque à côté de livres religieux : les Nuits attiques d'Aulu-Gelle, les lettres de Cicéron, les œuvres de Virgile, Cornélius Nepos et Martial, les Colloques d'Erasme, les Dialogues sacrés de Sébastien Castellion (1597) des Grammaires latines et grecques, etc.

On voit figurer à l'inventaire « une feuille de fer blanc où il y a l'écriture de la poste dessus. »

Felgenhauer aimait les oiseaux. Nous trouvons inventoriées : « une cage avec du fil d'archal... trois autres cages de bois avec un petit moulin pour moudre les graines... trois petites affaires de fer blanc pour donner à boire aux oiseaux. »

Dans l'actif (chap. XIV de l'inventaire, *Arch. comm. de Montbéliard)*, sont inscrits comme débiteurs de la succession, pour ports de lettres : le général baron de Montigny (8 l.), le baron de l'Espérance (10 l. 14 s.), M. Berdot, avocat (3 l.), Jean Titot, apothicaire (3 l. 8 s.).

L'hoirie devait « pour la poste à Basle suivant billet du défunt, 20 florins ou 50 livres ».

Felgenhauer était propriétaire d'une maison située rue Surleau. C'est dans cet immeuble que se trouvait le bureau de poste.

Le Conseil de régence proposa à sa place Jean-Georges Scharffenstein, orfèvre et ancien receveur des églises. Ce choix fut agréé par le gouvernement ducal et le 23 mars de la même année, le nouveau titulaire prêta serment en la forme suivante :

« *S. A. S. m'ayant gracieusement confié l'administration de sa poste à Montbéliard, je promet par le serment que j'en preste icy au Dieu Tout puissant d'une fidèle soummis[sion] et obeissance à sa d^te A. S. d'avancer ses droits, profits et avantages de tout mon pouvoir et de détourner de même ses dommages et préjudices et en particulier de verser dans ma fonction avec toute exactitude et fidélité, ainsi qu'il convient, que Dieu m'en soit en ayde par J.-C.* »

La poste fut mise en régie pendant un an à partir du 21 mars 1731. A l'expiration de la convention, Scharffenstein présenta le compte de la « direction » qui lui avait été confiée. Le produit de la poste s'était élevé à 2448 livres 15 s. 3 d. En défalquant les frais, il restait une somme de 500 livres 7 s. 3 d. sur laquelle il y avait encore à prélever le gage du « Directeur » que le Conseil de régence fixa à 300 livres.

Scharffenstein demanda au duc Eberhard-Louis de lui laisser dorénavant la jouissance du bénéfice de la poste aux conditions de son prédécesseur, c'est-à-dire moyennant le versement d'une redevance annuelle de 100 livres à la Recette du domaine, sinon de lui en continuer la régie au gage de 500 livres par an.

Le Conseil de régence consulté estima exagérées les prétentions du maître de poste. « On peut trouver d'honnêtes gens, fit-il observer au duc, qui entreprendront la régie de cette poste pour 300 livres d'appointement annuel ; il y en aura d'autres qui donneront au moins 200 livres pour l'avoir à titre de ferme » (1).

Erberhard-Louis qui s'intéressait à Scharffenstein, « pauvre, mais très respectable » et de plus, n'ayant comme orfèvre qu'une peu nombreuse clientèle, ordonna au Conseil de régence de lui accorder la priorité parmi ses concurrents, à égalité d'offres (2).

L'amodiation des revenus de la poste pour une durée de trois

---

(1) *Arch. Nation. Fonds Montbéliard.* K. 1941. Relation du Conseil de Régence de S. A. S. touchant la poste (28 avril 1732).

(2) *Ludwigsburg. Actendepot.* Réponse du duc au Conseil de Régence (25 juin 1732).

ans, à compter du premier août 1732, fut fixée aux conditions suivantes :

« *1. Le fermier entretiendra à ses frais tant le messager que la personne qu'il proposera pour la distribution des lettres, lequel messager sera obligé de porter la livrée de S. A. S. dans ses fonctions à ses propres frais sans qu'il en coûte rien à la Recette.*

« *2. Il payera son canon au Receveur de la Seigneurie de quartier à quartier.*

« *3. Il tirera à son profit tout le bénéfice des ports de lettres depuis la ville de Montbéliard à celle de Belfort et réciproquement, excepté des lettres et paquets de la Seigneurie et du Conseil en corps, pourquoy il ne pourra rien exiger.*

« *4. Enfin dans l'exploitation de sa ferme, il se règlera et conformera ponctuellement au Tarif et réglement touchant la dite poste.* [1]

Le premier août 1732, à dix heures du matin, les revenus de la poste furent mis aux enchères « au grand Poisle de l'audiance sur les Halles. »

Philippe Henri Veglin, bourgeois de Montbéliard, offrit 150 livres; le chirurgien Dünnebier, gendre de Felgenhauer, 200 livres.

« *Et comme personne n'a voulu enchérir davantage*, constate le procès-verbal, *on a appelé au Conseil Jean-George Scharffenstein, précédent maître de la poste, ensuite du gracieux rescrit de S. A. S. du 21 Juin dernier qui ordonne que led. Scharffenstein aura la préférence de lad. poste sur le dernier enchérisseur, lequel Scharffenstein aiant déclaré qu'il acceptoit lad. pour la dernière monte cidessus, l'échutte luy a été donné des d. revenus pour le temps de 3 ans à commencer dez aujourd'hui moyennant 200 livres tournois par an à payer à la Recette de la Seigneurie et de se conformer aux conditions.* »

A la mort de Scharffenstein, la poste fut de nouveau mise en adjudication et laissée, comme au plus offrant, au maître-bourgeois en chef Georges-Frédéric Mégnin, pour une durée de trois années, à partir du 1er Juillet 1739, moyennant un canon an-

---

(1) *Arch. Nation. Fonds Montbéliard.* K. 1941. Conditions pour l'amodiation du revenu de la poste à Montbéliard.

nuel de 347 livres avec les vins ordinaires et les autres charges énoncées ci-dessus [1].

Georges Frédéric Mégnin demeura amodiataire des revenus de la poste, aux mêmes conditions, jusqu'au 23 avril 1752.

Nous voyons par un mémoire du baron de Gemmingen, daté de Montbéliard du 24 mars précédent que, dans les derniers temps, le maître de poste Mégnin ne s'acquittait pas souvent de ses fonctions personnellement. Il en chargeait, à cause de ses absences fréquentes, sa femme, ses enfants et ses domestiques. Il n'établissait de bordereau pour les lettres ni au départ ni à l'arrivée. C'était rarement qu'il expédiait lui-même le messager et de la manière dont ils lui étaient remis, les paquets étaient en danger pendant une nuit entière « d'être escamotés et pris par des mains infidèles ». Autres griefs. Il n'observait point la taxe prescrite, et il altérait les chiffres du bureau de France.

La ferme de la poste expirant à la St-Georges prochaine, le baron de Gemmingen propose de ne plus en adjuger les revenus, mais de les mettre en régie et de confier cette régie au chaudronnier Morel qui est « honnête homme, entendu, appliqué » [2].

« A ma demande, écrit M. de Gemmingen, il a répondu qu'il accepterait en se contentant de petits gages proportionnés aux peines que cette régie lui causeroit et au revenant bon qu'elle produiroit, à régler au bout de l'année... » [3]

Le 24 avril 1752, Jean-Frédéric Morel prêta serment sur les évangiles, en qualité de maître de poste, et il reçut des instructions détaillées concernant les devoirs de sa charge.

Il devait être fidèle et attaché aux intérêts de S. A. S. et exécuter promptement les ordres qui lui seraient donnés. Il devait se procurer auprès du Directeur des Postes à Belfort, un tarif pour la taxe des lettres qui passent par l'Alsace à destination d'Allemagne et ne point surpasser cette taxe.

Les instructions lui rappellent ensuite le tarif qu'il doit appliquer aux lettres échangées entre Belfort et Montbéliard.

---

(1) *Arch. comm. de Montbéliard*, Note du Conseil de Régence, sans date, déjà citée.

(2) Le chirurgien Dünnebier, concurrent de Scharffenstein en 1732, s'était de nouveau mis sur les rangs pour obtenir la charge.

(3) *Arch. Nation. Fonds Montbéliard.* K. 1941.

Son bureau devait rester ouvert les dimanche, mercredi et vendredi jusqu'à neuf heures du soir et le mardi jusqu'à dix heures du matin.

Il était enjoint à Morel d'envoyer au Directeur des Postes de Belfort un état du montant des ports de lettres pour toute la correspondance remise au messager, et d'inscrire, au revers des lettres, en chiffres lisibles, le port dû à la Seigneurie.

Entre autres obligations qui lui incombent, nous voyons aussi qu'il a celle de remplir toutes ses fonctions lui-même, d'expédier et distribuer les courriers très régulièrement, de ne point montrer les lettres qu'il reçoit ni de déceler les correspondances des marchands de Montbéliard à d'autres marchands.

En ce qui concerne le messager, le maître de poste devait faire choix d'un homme honnête et entendu, le soumettre à l'agrément du Conseil de régence et lui faire prêter serment. Il ne devait pas permettre au messager de se charger, à son insu, de paquets pour Belfort ou pour d'autres endroits ; il devait lui défendre d'accepter des commissions du public sans ordre écrit du Conseil ou de se charger de paquets renfermant des marchandises prohibées en Alsace par les ordonnances royales. Le cas échéant, il devait tenir la main à ce que déclaration en fût faite au bureau des fermes, à Châtenois. Si le messager ne remplissait pas son devoir, il lui appartenait d'en avertir le Conseil et de lui proposer un successeur.

Le maître de poste s'engageait en outre à procurer aux Gouverneur et Conseil de régence la Gazette de Berne et de Schaffouse au meilleur prix et à administrer la poste au mieux des intérêts de la Seigneurie, en se faisant payer comptant le port des lettres et paquets, à l'exception seulement des lettres adressées au Gouvernement et au Conseil qui jouissaient de la franchise postale [1].

Chaque année, il devait rendre compte des recettes et dépenses de sa régie et payer au messager son gage fixe de quartier en quartier ou d'un mois à l'autre, suivant les conventions qui interviendraient entre eux.

---

(1) Cette franchise, par décision du prince du 12 mai 1764 fut étendue au Receveur Général Jeanmaire.

Enfin, pour le récompenser de ses peines, le Gouverneur et le Conseil se réservaient de lui régler le gage qui serait trouvé convenable à vue du premier compte qu'il rendrait ([1]).

Jean-Frédéric Morel qui continuait d'exercer sa profession de chaudronnier ([2]), décéda subitement dans sa maison « sur la Place », le 3 décembre 1756. Les scellés furent apposés sur ses papiers ([3]).

Le Conseil de régence, le 13 du même mois, nomma à la maîtrise vacante Frédéric-Nicolas Titot, orfèvre et bourgeois de Montbéliard ([4]) qui prêta serment devant le Conseil le lendemain, et reçut pour l'administration de sa charge des instructions semblables à celles données à son prédécesseur ([5]).

L'article 7 de ces instructions, qui est relatif au secret des lettres, nous montre en outre que « dans des cas particuliers », le Vice-Président et le Conseil de Régence avaient le droit de se faire remettre par le maître de poste de Montbéliard la correspondance privée. La poste de Montbéliard, comme la poste de France, avait son *cabinet noir*.

Frédéric-Nicolas Titot prit pour caution jusqu'à concurrence de 1000 livres, Jean Jacques Surleau, marchand bourgeois de Montbéliard. Ses gages annuels furent fixés à 300 livres tournois ([6]).

---

(1) *Arch. Nation. Fonds Montbéliard*. K. 1941. Instruction pour Jean-Frédéric Morel, chaudronnier, en qualité de Maître du bureau de Postes de Montbéliard (24 avril 1752).

(2) Une défense lui est signifiée le 26 juillet 1754, à requête de la Société des Marchands représentée par son maître en chef Georges-Urbain Rayot, de vendre à l'avenir, comme il a fait ci-devant, du fer, de la fonte et ferraille. (*Arch. comm. de Montbéliard*. Chouffes).

(3) Jean-Frédéric Morel, fils de Jean-Georges et de Hélène-Suzanne-Catherine Goguel, était né à Montbéliard le 22 juin 1702. Sa fille avait épousé Jean Morel, corecteur des classes latines et ministre à Montbéliard.

Dans le compte rendu, le 9 novembre 1757, de la régie des biens de l'hoirie, il est « passé » à sa veuve Suzanne Dubois « 256 l. 9 s. qu'elle a payées au sieur Delaporte, directeur du bureau des postes de Belfort, à qui l'hoirie les devoit pour ports de lettres et Gazettes de 1756 », (*Arch. comm. de Montbéliard*. Inventaires).

(4) *Arch. Nation. Fonds Montbéliard*. K. 1941.

(5) *Arch. comm. de Montbéliard*. Règlement des postes de cette ville du 13 déc. 1756.

(6) *Arch. Nation. Fonds Montbéliard*. K. 1941.

En 1771, il reçut une augmentation de gage de 50 livres (1). Ses fonctions étant devenues de plus en plus fatigantes, il présenta requête au duc Charles en 1774 pour obtenir une amélioration de sa situation, mais il fut débouté. Cependant le Conseil de Régence, sur nouvelle requête, lui accorda, en janvier 1779, une gratification de 48 livres.

Nous le voyons, le 20 septembre 1782, exposer au prince que « pour faire sa direction avec ordre », il a dû établir son bureau au rez-de-chaussée de maison dans une chambre séparée de celle « de l'œconomie » où il recevait jusque-là le public pendant l'hiver.

« Suivant cet arrangement qui lui a paru nécessaire, il se voit dans la nécessité de chauffer son bureau tant pour lui que pour les personnes qui s'y rendront en hyver pour y porter et chercher leurs lettres, si bien que cela lui occasionnera une dépense assez sensible. »

Tenant compte de ces besoins nouveaux, la seigneurie lui délivra désormais 4 toises de bois annuellement (2).

Dans une autre requête à Frédéric-Eugène, du 12 août 1789, le vieux directeur Titot fait observer au prince qu'il exerce ses fonctions depuis trente ans « avec le zèle et l'attachement le plus sincère », mais qu'aujourd'hui, déjà avancé en âge, il vient d'être frappé d'une hémiplégie qui le prive de l'usage de sa main droite. « Dès longtemps, il a mis sa fille aînée au fait de la régie de son bureau » et « les larmes aux yeux et les mains jointes », il demande que cette dernière lui succède dans sa charge.

Un décret du 17 août 1789 lui accorda cette faveur. Suzanne

---

(1) La même année, la Société des Marchands (jalouse comme toutes les autres chouffes de ses privilèges) remontre au Conseil de Régence et dit : « qu'elle a la douleur et mortification de voir journellement différentes personnes de cette ville s'émanciper de faire venir et recevoir de l'étranger des marchandises de toutes espèces, à prétexte de commission, comme cela est arrivé au Sieur Titot, directeur des Postes, à qui il est parvenu de Lion un paquet à son adresse... »

La Société demande au Conseil de faire défense à Titot de continuer à contrevenir à ses statuts, soit par commission, soit autrement « sinon permettre d'en faire la saisie comme sur tous autres qui se trouveront dans ce cas et d'en faire la déclaration au fisc pour être ensuite ordonné sur la confiscation. » (*Arch. comm. de Montbéliard.* Requête des Marchands, du 25 nov. 1771.)

(2) *Arch. Nation. Fonds Montbéliard.* K. 1941.

Catherine Titot fut autorisée à prêter serment, moyennant un cautionnement de 1000 livres (1).

Elle était encore directrice du bureau de postes, fin décembre 1792.

Un document du 20 fructidor an IV, conservé aux archives de l'hôtel de ville de Montbéliard, nous apprend que le premier directeur français du bureau de poste de Montbéliard fut Pierre-Frédéric Morel.

---

(1) *Arch. nation. Fonds Montbéliard.* K. 1941. Décret de S. A. S. qui permet à Titot de résigner sa charge de directeur du bureau des lettres.

Frédéric-Nicolas Titot, fils de Nicolas aussi orfèvre, et d'Anne-Françoise Bouthenot, était né à Montbéliard le 26 oct. 1718. Il épousa en la même ville, le 31 juillet 1753, Marie-Suzanne Surleau, fille de Jean-Georges, ministre du saint évangile à Mandeure et bourgeois de Montbéliard. Il décéda le 18 messidor an III.

Un document du 3 janv. 1760 nous apprend que Frédéric-Nicolas Titot, Directeur des postes, était aussi préposé à la perception du droit d'angal et débit de vin pour la Seigneurie. (*Arch. comm. de Montbéliard.* CC. 6, Pièce 38).

Sa fille qui lui succéda à la direction de la poste était née à Montbéliard, le 20 septembre 1757.

II

Les Messagers de la Poste.

Avant l'établissement de courriers réguliers, les comtes de Montbéliard employaient pour le transport de leur correspondance des messagers rétribués sur leurs revenus personnels ou sur ceux du Comté.

Le nom de quelques-uns d'entre eux est parvenu jusqu'à nous. Nous voyons en 1563 Henri Peseux, messager juré, demander une augmentation de son gage (1). En 1574, Henri Mégnin, receveur du chapitre de Saint-Maimbœuf, règle diverses dépenses à Jean Carré, messager, pour des lettres portées à Clerval, Dôle et Saint-Hippolyte; il règle aussi à Maimbœuf Franc, messager, des frais de voyage en Wurtemberg (2). C'est en 1626, Jehan Barthol qui, investi de la charge de messager par lettres d'Etat, reçoit 10 livres 3 batzes pour son entretien journalier (3). Le messager Nicolas Beurat, dit la Plaine, touche également du receveur du Comté, 195 francs pour voyages exécutés toutes les semaines à Bâle pendant l'année 1662 (4)

A défaut de courriers réguliers, c'était aussi à des messagers que le Magistrat avait recours pour envoyer sa correspondance. A la date du 9 décembre 1646, il donne un franc fort au messager Anne Chevalier qui porte une lettre à Belfort « pour s'enquérir si les Suédois avoyent repassé le Rhin et estoyent desja

---

(1) *Arch. Nation. Fonds Montbéliard.* K. 1942.

(2) *Arch. Doubs.* Série G. Reg. 1493.

(3) *Arch. Nation. Fonds Montbéliard.* K. 1942.

(4) *Arch. Doubs.* E. 1113. Compte de 1662. Voir aussi compte de 1684 qui nous donne le nom du messager indiqué dans le précédent compte par le surnom.

dedans l'Elsace selon que le bruict en courroit (1). » Les comptes de ville abondent en notes de frais payés à des messagers porteurs de missives du Magistrat.

Lorsqu'un service de messagerie fut établi entre Montbéliard et Belfort, Jacob Bezuchet, messager de la poste de Montbéliard reçut comme gage annuel outre 12 quartes de froment, une somme de 106 livres en argent (2). Il était alors rétribué par la seigneurie, de même que le distributeur de lettres Felgenhauer. Plus tard, en 1724, ce dernier, déclaré amodiataire de la poste moyennant une redevance annuelle de 100 livres, dût entretenir le messager de ses propres deniers.

Les messagers portaient comme marque distinctive de leur fonction, en tout cas depuis 1739, une plaque d'argent, « pièce d'orfèvrerie aux armes de Wirtemberg pesant 2 onces 3 quarts » (3). Les maîtres de poste amodiataires se la transmettaient en fin de bail. C'est ainsi que dans un certificat, le nouveau maître de poste G.-F. Mégnin déclare l'avoir reçue des mains du receveur du Comté Lalance (4).

Le maître de poste Mégnin donnait un gage de 100 livres annuellement au messager qu'il employait. Le baron de Gemmingen, à la date du 24 mars 1752, en proposant de ne plus affermer la poste mais de la mettre en régie, estime que ce gage « n'est pas suffisant pour faire subsister un homme ». Il demande pour le messager, outre un habillement complet de deux ans en deux ans, un fixe de 200 livres. Il demande aussi qu'il soit assermenté (5).

Les comptes des revenus du domaine nous apprennent que le Conseil de Régence donna satisfaction à M. de Gemmingen. Il est en effet payé au marchand Georges Urbain Rayot « pour l'habit et la monture du messager des lettres Jean Wiest qui lui

---

(1) *Arch. comm. de Montbéliard.* CC. 177, pièce 271.

(2) *Arch. Nation. Fonds Montbéliard.* K. 1941.

(3) *Arch. Nation. Fonds Montbéliard.* K. 1942.

(4) Pendant l'hiver de 1742, Pierre-Joseph Goll, tisserand et bourgeois de Montbéliard, envoyé en *commission* à Chamesol par le Conseil de régence, trouva la mort dans les neiges. Nous voyons qu'il avait aussi la plaque aux armes du Wurtemberg, insigne des messagers du prince. *(Arch. Nation. Fonds Montbéliard.* K. 1942.)

(5) *Arch. Nation. Fonds Montbéliard.* K. 1941.

fut échu le 1er janvier 1752, pour la première fois, suivant ordre du Conseil... 82 livres 12 sols » (1). Plus tard nous voyons que Wiest reçut outre l'habit, des souliers et des bas (2). Il avait prêté serment le 25 avril 1752 devant le Conseil de Régence.

Les instructions données à Jean-Frédéric Morel, agréé comme maître de poste, le 23 avril de la même année, nous ont montré qu'il était interdit au messager, sans un ordre écrit du Conseil de se charger d'autre correspondance que celle qui lui était remise par le bureau. Le réglement de 1756 l'autorisa à prendre des paquets avec l'assentiment du maître de poste qui alors en faisait la taxe « sur un point médiocre », quand ils dépassaient le poids de deux livres. Ce dernier « en donnait quelque chose au messager pour ses peines extraordinaires » et portait le restant au compte de la Seigneurie.

Jean Wiest, à cause de sa mauvaise conduite fut obligé de démissionner. Il s'était trouvé « égaré » pendant plusieurs jours avec le paquet de lettres qu'il rapportait de Belfort à Montbéliard. On le destitua. Le directeur Titot qui lui avait avancé de l'argent dut, pour être remboursé, faire saisir et vendre ses biens (3).

La succession du messager Wiest fut disputée par plusieurs concurrents. Parmi eux nous voyons figurer Jean Meyer, Jérôme Cardant, Pierre Mougin, le boutonnier Jean-Jacques Jourand, le fils de Joseph Goll, ce messager qui mourut dans les neiges à Chamesol, enfin un nommé Daniel Grosrenaud « n'ayant aucune possession pour pouvoir subsister et se trouvant obligé de rester le plus souvent oisif faute de trouver à travailler en râpant du tabac chez les marchands qui l'employaient à cet effet. » (4)

Ce fut le tisserand Jean Meyer, natif de Stein am Rhein, en Suisse, qui l'emporta (5).

(1) *Arch. Doubs.* E. 1126. Comptes des revenus du domaine 1752-1753.

(2) *Arch. Doubs.* E. 1128. Comptes de 1756-1757.

(3) *Arch. Nation. Fonds Montbéliard.* K. 1942. Requête de Titot au Conseil de Régence du 8 août 1757.

(4) *Arch. Nation. Fonds Montbéliard.* K. 1942.

(5) Jean Meyer, messager de S. A. S. épousa, en 1761, Léopoldine-Eberhardine-Charlotte Mettetal, fille de Jean-Georges, en son vivant grenetier du prince. Dans son contrat de mariage du 22 mai, il donna 100 livres tournois à sa future. (*Arch. Doubs.* E. 1571. Protocoles des actes et contrats reçus par le procureur Richardot, en sa qualité de notaire juré à Montbéliard pour l'année 1762.)

Une ordonnance du Conseil de Régence, en date du 2 avril 1757, règle ses fonctions.

Aux termes de cette pièce, il s'engageait à être fidèle, à se présenter chaque jour d'*ordinaire* chez le directeur pour y recevoir les paquets et à lui rendre compte des deniers qu'il touchait des particuliers. Il devait entretenir à ses frais un cheval avec charrette et défense lui était faite de se charger d'aucune commission susceptible de le retarder dans ses fonctions. Il ne devait employer aucune personne étrangère sans l'agrément du directeur du bureau. Il ne devait exécuter aucun voyage à Belfort pour le service sans être revêtu de son habit de livrée avec la marque distinctive des messagers du prince.

Jean Meyer prêta serment entre les mains du Procureur Général et reçut un gage annuel de 150 livres payable de quartier en quartier, ainsi qu'un habit de livrée tous les deux ans, comme son prédécesseur. Par rescrit du 5 juin 1771, ce messager qui touchait alors 200 livres annuellement, reçut en augmentation de son gage ordinaire, 24 quartes d'avoine [1]

Jean Meyer décéda en 1774.

Nous voyons par une lettre autographe de Frédéric-Eugène, en date à Etupes du 10 novembre de la même année, et adressée à M. de Goll, vice-président du Conseil de Régence, que le prince s'intéressait à sa succession [2].

Il écrit à M. de Goll :

« Le messager Meyer venant de mourir, Monsieur, la Princesse ma très chère Epouse et moi, désireroient beaucoup que le coureur Berger [3] obtînt cette place, laquelle il est très capable de remplir avec toute la fidélité et exactitude possible. »

Il priait le vice-président du Conseil de tenir et faire tenir compte de cette recommandation.

Le 14 janvier 1775, la princesse cautionna elle-même son ancien coureur « pour ôter tout prétexte de méfiance que l'on a bien voulu insinuer au supplié pour le priver du casuel de son emploi qui, ayant été rogné, le metteroit hors d'état de vivre comme tout autre qui l'occuperoit de cette façon » [4].

---

(1) *Arch. Nation. Fonds Montbéliard.* K. 1942.

(2) *Arch. Nation. Fonds Montbéliard.* K. 1942.

(3) ou *Berguer*. Jean-Frédéric Berguer était né à Nagold dans le duché de Wurtemberg.

(4) *Arch. Nation. Fonds Montbéliard.* K. 1952.

La veuve du messager Meyer continuant à se charger de lettres et de paquets pour Belfort au détriment de Berguer, la princesse intervint une nouvelle fois en invitant M. de Goll à remédier à cet abus. « J'y joins [à sa lettre] écrit-elle, ma protection pour un homme qui m'a fidèlement servie. »

Le messager Berguer ([1]) ne justifia guère la confiance qu'elle avait mise en lui. Nous voyons par différentes requêtes présentées en 1781 qu'il était à ce moment sur le point d'être cassé de son emploi pour malversations dans l'exercice de sa charge. Un des postulants, Jean-Georges Kleinhänig, s'adressant au prince, dit que Berguer est détenu en prison.

La bonté indulgente de Frédéric-Eugène le sauva. Mais de nouvelles plaintes formulées contre lui en 1783, lui firent perdre son emploi. Dans une lettre au Conseil de Régence, du 20 juillet 1784, le prince appelé à donner son avis sur la désignation de son successeur, laisse toute liberté aux Conseillers pour se prononcer, remettant à leurs lumières et à leur prudence « le choix et la nomination d'un bon sujet duquel on ait lieu d'être content et à qui on puisse se fier en toute sûreté » ([2]).

Le 20 juillet 1784, Pierre-Louis Maitrot fut nommé messager à la place de Berguer. Son fils aîné, Georges-Louis, lui fut adjoint.

En 1788, Maitrot démissionna.

Il eut pour successeur Jacques-Christophe Monami, bourgeois de Montbéliard.

Un avis de la Municipalité de Montbéliard, daté du 3 floréal de l'an III, nous apprend que le courrier de Montbéliard à Belfort partait à cette époque à neuf heures du matin et que les lettres et paquets devaient être remis à la poste entre sept et huit heures ([3]). A partir du premier ventôse de l'an IV, le départ s'effectua tous les jours impairs ([4]).

---

(1) Le 4 déc. 1778, Berguer qui touchait une livrée tous les deux ans, expose dans une requête au Conseil de Régence qu'il possède trois habits dont un encore tout neuf et demande qu'on lui verse le prix de celui auquel il a droit. On lui accorda une somme de 70 livres. *(Arch. Nation. Fonds Montbéliard.* K. 1942.)

(2) *Arch. Nation. Fonds Montbéliard* K. 1942.

(3) *Arch. comm. de Montbéliard.* Avertissement de la Municipalité.

(4) *Arch. comm. de Montbéliard.* Avis de l'administration municipale du canton de Montbéliard du 1er ventôse an IV.

Le 20 fructidor de la même année, le transport des lettres de Montbéliard à Belfort fit l'objet d'une adjudication publique. L'entrepreneur, aux termes du cahier des charges, devait fournir et entretenir du premier vendémiaire de l'an V à pareil jour de l'an VII « le courrier, le cheval et la cariole nécessaires pour porter et rapporter les paquets de dépêches... et ce, de deux jours l'un, aller et retour et, aux heures fixées par le directeur des Postes. »

Le dernier messager des princes de Montbéliard, Jacques-Christophe Monami, seul amateur qui se présenta pour soumissionner, accepta l'entreprise moyennant la somme de 600 francs par an, payable « en numéraire métallique et non autrement » qui lui fut réglée par l'administration des Postes et Messageries de France (1).

---

(1) *Arch. comm. de Montbéliard.* Soumission souscrite par le sieur Jacques Monami d'entreprendre le service des dépêches. 20 fructidor an IV.

III

La Taxe des Lettres.

C'est en 1718, nous l'avons vu précédemment, que la France ayant enfin consenti à supprimer sa poste à Montbéliard, le comte Léopold-Eberhard établit lui-même un bureau dans cette ville.

En effet, à la date du 9 novembre 1718, le Conseil de Régence « ayant trouvé à propos pour le bien public, la dilligence des lettres et l'avancement du commerce... d'établir un Bureau des lettres et un messager ordinaire pour les porter à Belfort (1) et rapporter dud. Belfort celles qui regarderont les sujets et les

---

(1) Il résulte d'une supplique du 1er déc. 1724 adressée par Le Rouyer, Directeur de la poste à Belfort, à S. A. S. Eberhard-Louis *(Arch. comm. de Montbéliard)* que, lorsque le service nouveau fut sur le point de fonctionner, Léopold-Eberhard envoya un conseiller de régence et son receveur général Jacquet auprès du Directeur de la poste à Belfort pour aviser aux mesures à prendre afin que les lettres destinées à Montbéliard fussent remises sans retard au messager préposé les lundi, mercredi et vendredi de chaque semaine.

Le Rouyer reçut du prince, pour ses soins, 36 livres par an.

Eberhard-Louis, par ordonnance du 5 février 1725 *(Ludwigsburg. Actendepot)* lui maintint cette allocation dont bénéficia à son tour son successeur Mouillescau. *(Arch. comm. de Montbéliard.* Décret du 16 avril 1729.)

Le 23 nov. 1737, un décret fixa la gratification annuelle du directeur de Belfort à 40 livres.

La même année, ce dernier réclama les 72 livres qui lui restaient dues pour les deux années pendant lesquelles les Français avaient occupé Montbéliard. Le prince refusa de les lui accorder : la France ayant pris possession des recettes du Comté durant l'occupation. Néanmoins il porta sa gratification annuelle de 36 à 44 liv. pour l'avenir *(Ludwigsburg. Actendepot.* Rapport du Conseil, 14 juillet 1737).

Etats de S. A. S. » annonce au public l'ouverture du bureau, rue Sur-l'eau, chez le secrétaire allemand Felgenhauer.

Les lettres au départ étaient reçues de neuf heures à onze heures du matin les lundi, mardi, jeudi et samedi. Les lettres à l'arrivée étaient distribuées au bureau, aussi dans la matinée les dimanche, mardi, mercredi et vendredi.

L'ordonnance fixe les droits de port à acquitter par les expéditeurs et les destinataires. « Les particuliers portant lettres aud. bureau payeront aud. Felgenhauer les droits cy après déclarés et mettront ensuitte leurs lettres dans la boete qui sera à cet effect aud. Bureau, faute de quoy elles ne partiront point. Et payeront également en retirant les lettres qui leur arriveront le port qui sera marqué sur chasque lettre » ([1]).

Suivent les droits à verser entre les mains du buraliste :

« Pour une simple lettre neuf deniers, autant pour aller autant pour le retour.

Pour une double lettre un sol trois deniers pour aller autant pour le retour.

Et quant aux lettres en paquets payeront, scavoir :

1. Par paquet d'une demie once un sol six deniers pour aller autant pour le retour.

2. Par paquet d'une once trois sols pour aller autant pour le retour.

3. Et conséquemment des autres paquets à proportion.

Et quant aux lettres qui seront écrites de cette ville ou d'autres endroits des Estats de Son Altesse Serenissime pour Belfort seulement payeront trois sols par chasque simple lettre, et autant pour le retour » ([2]),

Défense était faite aux particuliers de porter à Belfort ou d'en

---

(1) *Arch. Nation. Fonds Montbéliard.* K. 1741.

(2) L'édit de nov. 1576 fixait en France la taxe des lettres-missives dans le ressort d'un même Parlement, savoir : Port d'une lettre y compris la réponse, 10 deniers tournois ; port d'un paquet de 3 ou 4 lettres-missives, 15 d. t. ; port de paquets de lettres pesant 1 once au plus, 20 d.

La déclaration royale du 11 avril 1676, modifia ce tarif, exigeant pour le transport des lettres :

A moins de 25 lieues	. . . .	2 sous.
de 25 à 60 »	. . . .	3 »
de 60 à 80 »	. . . .	4 »
au-delà.	. . . .	5 »

rapporter des lettres ou encore d'établir des « porteurs de leurs lettres » à peine pour la première fois de 50 livres d'amende applicable un tiers au dénonciateur, de 100 livres pour la seconde fois et d'emprisonnement en cas de récidive.

Il est douteux que ce tarif ait été appliqué strictement. Six ans après, la Société des Marchands rappelle au prince qu' « anciennement lorsque la poste passoit par Montbéliard allant droit à Belfort, les lettres pour Montbéliard ne payoient rien que le port ordinaire de France » puis que lorsque la route des postes fut changée et que le courrier alla de Belfort à Huningue, le paquet des lettres pour Montbéliard, Belfort et autres lieux d'Alsace était remis au maître de poste de Montbéliard qui le renvoyait à Belfort. On n'avait rien à lui payer pour les lettres venant de France, Suisse et Allemagne, « mais seulement pour celles qu'il rapportoit venant d'Alsace, *un demi sol* par lettre » (1).

Et les marchands ajoutent : « Lorsque le paquet ne fut plus déchargé à Montbéliard et que les courriers ont pris la route de Besancon à Belfort, S. A. S. a fait payer *un sol* par chaque lettre que le messager raportoit de Belfort, indifféremment, qu'elles soient venues de France, Suisse, Alsace ou Allemagne. (2). A

Le tarif des lettres fut fixé ultérieurement, savoir :

	Déclaration royale du 8 déc. 1703.	*Déclaration royale du 8 juill. 1759.* (poids : 2 gros)
Moins de 20 lieues	3 sous.	4 sous.
De 20 à 40	4 »	6 »
40 à 60	5 »	7 »
60 à 80	6 »	8 »
80 à 100	7 »	9 »
100 à 120	8 »	10 »
120 à 150	9 »	12 »
150 à 200	10 »	14 »

Le décret du 22 août 1791 fixa le port des lettres pour le même département (poids 1/4 d'once), à 4 sous ; jusqu'à 20 lieues, 5 sous ; de 20 lieues à 60, un sou de plus par 10 lieues ; de 60 à 80 lieues, 10 sous ; de 80 lieues à 120, un sou de plus par 20 lieues ; de 120 lieues à 150, 13 sous ; de 150 à 180 lieues, 14 sous ; au-dessus, 15 sous.

(1) *Arch. comm. de Montbéliard.* Avertissement de la Société des marchands à S. A. S. au sujet de la poste, 18 juillet 1724.

(2) « Ce réglement doit avoir eu pour but de dédommager la Seigneurie des frais que la direction du bureau et l'entretien d'un messager lui occasionnent. » *(Arch. comm. de Montbéliard).* Remontrances de la même société au prince, du 29 janvier 1762.

présent, en suivant l'établissement de feu S. A. S. [Léopold-Eberhard] on fait payer *un sol* par chaque lettre qu'on met à la poste et égallement un sol par chaque lettre qu'on en retire. »

D'autre part, il résulte d'un autre document daté du 5 février 1725 (1) que le port des lettres de Montbéliard à Belfort et *vice versa* était bien, comme le disent les marchands, de 6 deniers ou 1/2 sol pour une lettre simple et de 12 deniers ou 1 sol pour les « enveloppes » et les doubles-lettres.

Par contre, un rapport non signé nous apprend que vers la même époque « on fait payer 3 sols pour une lettre écrite de Belfort et 1 sol de Belfort icy [Montbéliard] fait 4 » (2).

Ces divergences dans la taxe des lettres entraînaient des réclamations. Aussi le Conseil de Régence reconnaissant que jusqu'alors le tarif des droits de la poste de Montbéliard à Belfort « n'avoit point été rédigé en forme authentique et suffisamment autorisée, ce qui cause de fréquentes contestations et difficul-

---

(1) *Ludwigsburg. Actendepot.*

(2) Les courriers arrivaient à Belfort :

1° *de France*, les lundi, mercredi et samedi, à 3 h. du soir (en hiver).
2° *d'Huningue*, les mercredi, vendredi et dimanche matin.
3° *de Strasbourg*, le mercredi et le dimanche à 8 h. du matin.

Les courriers partaient de Belfort :

1° *pour la France*, les mercredi, vendredi et dimanche matin.
2° *pour la Suisse*, les lundi, mercredi et samedi à 7 h. du soir.
3° *pour Strasbourg*, les mercredi et samedi soir.

Les lettres de Belfort jusqu'à Strasbourg, pour l'Allemagne, coûtaient : la lettre simple, 5 sols ; avec enveloppe, 6 s. ; la lettre double, 9 s. ; la demi-once, 10 sols ; l'once, 1 livre.

Les lettres de Strasbourg pour Belfort : la lettre simple, 4 s. ; avec enveloppe, 5 s. ; la lettre double, 7 s. ; la demi-once, 8 s. ; l'once, 16 s.

Les lettres de Besançon, Huningue et Colmar pour Belfort : la lettre simple, 3 s. ; avec enveloppe, 4 s. ; la lettre double, 5 s. ; la demi-once, 6 s. ; l'once 12 s.

Les lettres venant de Paris : la lettre simple, 10 s. ; avec enveloppe, 11 s. ; la demi-once, 1 livre ; l'once 2 livres.

Les lettres pour la Suisse ou l'Allemagne étaient taxées à Belfort jusqu'à Huningue ou Strasbourg.

Les lettres venant de Suisse ou d'Allemagne pour la France étaient taxées à Strasbourg et Huningue jusqu'à Besançon.

Les lettres mises à Belfort pour la France étaient aussi taxées jusqu'à cette dernière ville.

tés » établit-il, par une ordonnance du 19 janvier 1728, un tarif « fixe et certain » pour les lettres (1).

Aux termes dudit tarif, il devait être payé de Montbéliard à Belfort et de cette ville à l'autre :

Pour une lettre simple. . . . . 1 sol.
Pour une double lettre. . . . . 1 s. 3 d.
Pour les paquets, par once . . . . . 4 s.

L'ordonnance renouvelait la prohibition pour les particuliers de porter ou envoyer aucune lettre au bureau de Belfort en fraude de celui de Montbéliard. Elle enjoignait au public de payer comptant les droits de poste à peine de rétention des lettres et paquets. Et si le directeur du bureau, où nous voyons qu'il était défendu de « se maltraiter », demandait lui-même une taxe supérieure au tarif, la peine du « quadruple » lui était appliquée, c'est-à-dire qu'il payait une amende égale à quatre fois la valeur du trop perçu. Les particuliers qui acquittaient entre ses mains des droits insuffisants étaient passibles de la même peine.

Signalons en passant que des mesures étaient prises vers la même époque pour empêcher la propagation par la correspondance des maladies épidémiques. Sur des informations qui lui sont parvenues « que les maladies contagieuses et pestilentielles règnent à Marseille en Provence et aux environs et que ces fléaux se répandent assez rapidement par le commerce », Léopold-Eberhard, en 1720, fait défense aux bourgeois, sujets, manants et habitants de Montbéliard et des autres lieux de sa juridiction « de recepvoir ni d'expédier aucune lettre qu'elle n'ait esté auparavant *parfumée*. Déclarant qu'elles [les lettres] seront parfumées une seconde fois dans le bureau de Montbéliard advant que de les expédier pour les étrangers et les délivrer à [ses] sujets » (2).

Aux termes des conventions intervenues à la création du bureau de Montbéliard entre Léopold-Eberhard et le directeur des postes de Belfort, celui-ci ne devait remettre les lettres à destination du comté qu'au messager institué par le prince. Les ba-

---

(1) *Bibliothèque de Besançon.* Collection Duvernoy. In-folio n° 47. Ordonnances des comtes de Montbéliard.

(2) *Arch. comm. de Montbéliard.* BB. 2. *Notaux*, p. 183 verso.

bitants de Montbéliard avaient toutefois la faculté, en passant à Belfort, de retirer leur correspondance personnelle. Le buraliste de Montbéliard réglait compte tous les mois avec le directeur des postes de Belfort pour les ports de lettres et lui renvoyait tous les trois mois les lettres tombées au rebut (1).

Il résulte des instructions données à Scharffenstein en 1731 par le directeur du bureau de Belfort Mouillesau, que lorsqu'une personne de Montbéliard ou d'ailleurs refusait de retirer une lettre à elle adressée, le maître de poste de Montbéliard, conformément à l'ordonnance de 1728, devait retenir toutes celles qui pouvaient lui être envoyées postérieurement, jusqu'au retrait de la première, « y en eut-il 50 (2) ».

De là des récriminations. C'était obliger le public à recevoir malgré lui des écrits souvent désagréables et à en payer le port « ce qui paroît trop dur, écrit un contemporain, car dans toute la France cela n'est point d'usage, mais l'on met ces lettres dans les rebuts ».

Quand une lettre se trouvait trop taxée « comme cela arrive quelquefois », le destinataire pouvait la lire et la recacheter ensuite pour qu'elle fût renvoyée au bureau de Belfort qui la « modérait », le cas échéant.

Le maître de poste de Montbéliard ne devait taxer aucune lettre pour être envoyée à celui de Belfort, sinon elle lui était retournée « pour son compte ».

Seuls, les paquets et les lettres à destination de l'étranger devaient être affranchis à Montbéliard et le prix du port transmis avec la lettre.

L'affranchissement était fixé ainsi qu'il suit :

Pour toute l'Allemagne et les provinces au-delà du Rhin.

7 sols	pour la lettre simple.	
8 s.	—	avec enveloppe.
12 s.	—	double.
28 s.	pour l'once jusqu'à Rheinhausen.	

(1) *Arch. comm. de Montbéliard*. Conventions de Jacquet (Receveur Général) avec le maître de poste de Belfort (sans date).

(2) *Arch. Nation. Fonds Montbéliard*, K. 1941.

Pour Neuchâtel et le canton de Berne.

5 sols pour la lettre simple.
6 s. — avec enveloppe.
9 s. — double.
20 s. l'once de paquet.

Pour la Savoie.

11 sols pour la lettre simple.
12 s. — avec enveloppe.
20 s. — double.
44 s. l'once de paquet.

Pour Milan, Mantoue, Perroux, Plaisance, Modane, Côme, Bologne Pergame, Regio, Venise, Bresia et Verone.

13 sols pour la lettre simple.
14 s. — avec enveloppe.
24 s. — double.
32 s. l'once de paquet.

A la date du 28 mars 1731, Pierre-Esaü Lalance et Pierre de Thielle, maître et lieutenant de la Société des Marchands de Montbéliard, laquelle avait déjà adressé des remontrances au prince sur le même objet en juillet 1724, présentèrent requête au Magistrat pour se plaindre de la taxe de 1 sol qui frappait les lettres au bureau de Montbéliard aussi bien à l'arrivée qu'au départ. Ils se plaignaient en outre et surtout de la taxe de 4 sols par once, estimant qu'il ne devrait être exigé pour toute espèce de correspondance que le port ordinaire « puisque ce n'est pas la pesanteur que l'on paye, mais le voyage ».

« Cela cause, disent les Marchands, un grand boulvercement dans le commerce puisque, outre le préjudice que le public en ressent, c'est que les étrangers commerceans en cette ville se récrient fortement contre un pareil établissement qui leur cause des frais considérables » (1).

Les Marchands sollicitaient l'intervention du Magistrat pour que le prince rétablît l'ancien état de choses. Leurs démarches n'aboutirent point.

---

(1) *Arch. comm. de Montbéliard.*

La poste ayant été affermée en 1732, nous voyons quelques modifications apportées au tarif des lettres, au profit du fermier (1).

Jusqu'alors il était payé pour une lettre simple de Montbéliard à Belfort et *vice versa*, 1 sol. Le nouveau tarif crée une distinction entre la lettre simple sans enveloppe et la lettre simple avec enveloppe. La lettre sans enveloppe paie 1 sol. La lettre avec enveloppe 1 sol 3 deniers. La lettre double taxée précédemment à 1 s. 3 d. paie 2 sols. Les paquets continuent d'être taxés à 4 sols l'once.

En 1751, il y avait quatre *ordinaires* pour Belfort.

Le messager quittait Montbéliard :

1° Le lundi, à 6 heures du matin avec la correspondance pour l'Alsace, l'Allemagne, Brisach et la Suisse et rapportait de Belfort la correspondance de France, d'Alsace, d'Allemagne, d'Huningue, de Brisach et de Suisse.

2° Le mardi, à 10 heures du matin avec la correspondance pour la France et rapportait de Belfort celle d'Alsace et d'Allemagne.

3° Le jeudi à 6 heures du matin avec la correspondance pour la France, l'Alsace, l'Allemagne, Huningue, Brisach et la Suisse, et rapportait de Belfort la correspondance de ces divers pays.

4° Enfin le samedi, à 6 heures du matin avec la correspondance pour les mêmes pays, et rapportait de Belfort celle de France, d'Huningue, de Brisach et de Suisse (2).

Il fallait que les lettres fussent déposées pour l'heure fixée, sinon elles attendaient au bureau le départ du prochain *ordinaire*.

A partir du 1er janvier 1752, les arrivées et départs de courriers avaient lieu au bureau de Belfort de la manière ci-après, ainsi que cela résulte d'une affiche imprimée du temps que nous reproduisons littéralement (3) :

---

(1) *Arch. Nation. Fonds Montbéliard.* K. 1941.

(2) *Arch. comm. de Montbéliard.* Ordonn. du Conseil de Régence du 5 Janv. 1751.

(3) *Arch. comm. de Montbéliard.* Impression sans date ni nom d'imprimeur.

BUREAU DES POSTES DE BELFORT (1)

ARRIVÉE ET DÉPART A COMMENCER DU PREMIER JANVIER 1752

SAVOIR

ARRIVÉE		DÉPART	
DE FRANCE		POUR FRANCE, LURE, VESOUL ET BESANÇON	
Lundy Jeudy Samedy	Au matin.	Dimanche Mardy Jeudy	à quatre heurs [sic] [précises du soir].
ALZACE ET ALLEMAGNE		ALZACE ET ALLMEMAGNE [sic]	
Dimanche Mardy Jeudy	A midi.	Lundy Jeudy Samedy	A midi.
HUNINGUE, BRISACH ET SUISSE		HUNINGUE, BRISACH ET SUISSE	
Lundy Mercredy Vendredy	Au matin.	Lundy Jeudy Samedy	à dix heurs [sic] du [matin.

Dans le cours de la même année, le bureau de Montbéliard restait ouvert, comme on l'a vu, les dimanche, mercredi et vendredi jusqu'à 9 heures du soir. Le directeur enregistrait sur son journal les lettres qu'il recevait, de manière à faire partir le messager avec le paquet les lundi, jeudi et samedi à 6 heures précises du matin. Le mardi, le bureau restait ouvert jusqu'à 10 heures du matin, heure à laquelle partait le messager avec le courrier pour la France. Le directeur de Montbéliard remettait à ce dernier un état des ports de lettres.

En ce qui concerne les lettres venant de Belfort dont le port était ordinairement indiqué sur l'adresse, le directeur devait ajouter au revers, du côté des cachets, le port dû à la Seigneurie. Le réglement du 13 décembre 1756 (2) modifia les heures d'ou-

(1) *Arch. comm. de Montbéliard*, Imprimé.

(2) *Arch. comm. de Montbéliard.*

verture du bureau. Dorénavant le bureau resta ouvert les lundi, mercredi et vendredi, en hiver, jusqu'à 11 heures du matin et en été jusqu'à midi, le dimanche jusqu'à 8 heures du matin.

La Société des Marchands qui avait sur le cœur le sol payé au bureau de Montbéliard et qui, depuis quarante ans, n'avait cessé de s'en plaindre dans ses remontrances, revint une nouvelle fois à charge le 29 janvier 1762 (1).

Elle fait remarquer au prince que ce sol « tourne à pure perte pour la Seigneurie » et constitue une charge pour les bourgeois qui le payent aussi bien à l'occasion des lettres qu'ils reçoivent qu'à l'occasion des lettres qu'ils envoient, alors qu'ils ne devraient le payer que pour celles qu'ils reçoivent. Qu'arrive-t-il ? Pour éviter cette dépense, beaucoup de personnes retardent leurs réponses, attendant une occasion, ce qui ne se produirait pas s'il y avait au bureau de Montbéliard comme dans ceux de France et d'Allemagne, un « glissoir » pour jeter les lettres sans rien payer. Le directeur de la poste de Belfort, le sieur Delaporte, était disposé à faire accepter cet arrangement par la Compagnie des postes de France. Moyennant une légère gratification, il ferait état au bureau de Montbéliard des sols dont il chargerait les lettres qui lui parviendraient de cette ville.

Nous voyons dans d'autres requêtes la Société des Marchands revenir sur la question de ce sol dont la suppression permettrait l'établissement d'une « boette ou glissoir » qui serait à toute heure ouverte au public (2). L'absence du maître de poste de Montbéliard qui a seul le serment de la discrétion, oblige les particuliers à livrer leurs lettres à des tiers irresponsables qui peuvent les égarer. La correspondance des marchands serait de la sorte « à couvert » et leurs affaires tenues secrètes. De plus, il y aurait accroissement dans le nombre des lettres envoyées. Ceux qui, pour ne pas payer le sol, attendaient une occasion d'envoyer leurs lettres à Belfort, écriraient plus souvent, sans chercher cette occasion. Ceux qui ne répondaient pas aux lettres indifférentes n'hésiteraient pas à le faire, s'ils en étaient quittes « pour la peine d'écrire ».

La Société des Marchands offrait un moyen facile de remédier à cette situation. Le directeur de Montbéliard taxerait

---

(1) *Arch. comm. de Montbéliard.* Remontrances au prince.
(2) *Arch. comm. de Montbéliard.* Requête du 15 fév. 1762.

lettres et paquets à la craie ou à l'encre rouge, savoir les simples lettres d'1 sol et les « fortes » de 4 sols l'once et à la fin du mois le montant des taxes lui serait versé par le directeur de Belfort pour le compte de la Seigneurie. Pour que la ferme générale des postes de France rentrât en possession des sommes payées à sa décharge par son directeur de Belfort, ce dernier forcerait d'1 sol par lettre simple et de 4 sols par once de lettres fortes la taxe ordonnée par la Déclaration royale du juillet 1759.

La Société des Marchands proposait encore une autre combinaison, celle de doubler le sol à l'arrivée, ce qui balancerait celui qui ne serait pas payé au départ (1).

Le Conseil de Régence, avant de se prononcer, consulta le directeur des postes Titot.

En ce qui concerne le sol payé, soit pour l'envoi, soit pour la réception des lettres, sol dont les marchands demandent la suppression pour l'envoi, Titot laisse au Conseil le soin de décider, s'il y a lieu, de modifier l'état des choses existant.

« La poste que vous avez bien voulu me confier aiant toujours été dirigé dans ce goût, je ne puis que me remettre à votre prudence dans la discussion de cet article. »

Le brave homme répond ensuite avec dignité aux insinuations des Marchands relatives au secret des lettres.

« Ma discrétion, écrit Titot, dictée par le serment que j'ai prêté pour mon emploi de directeur des Postes, suffit abondamant pour les tranquilliser sur cette crainte qui ne pourra jamais être valable qu'en attaquant la bonne foy dont je fais profession. »

Il estime que l'établissement d'un glissoir dont l'utilité pour lui ne se fait pas sentir, diminuerait le produit de la poste, car il entraînerait une dépense nouvelle : l'allocation qu'on serait obligé d'accorder au directeur du bureau de Belfort. Il fait observer enfin que celui-ci ne pourrait accepter la combinaison

(1) A cette époque, la distribution des lettres qui du temps de Felgenbauer avait lieu au bureau de poste, était assurée par un *facteur*. Les marchands demandent dans une requête (*Arch. comm. de Montbéliard*. Note au sujet d'un glissoir) que le directeur soit tenu de leur livrer leurs lettres à une heure fixe de la matinée « plutôt que de suporter les lenteurs par le facteur qui les transporte d'un des bouts de la ville à l'autre, pour en faire la distribution ».

qu'avec l'agrément des Fermiers Généraux des postes de France, lesquels s'y prêteraient peut-être difficilement ([1]).

Le Conseil de Régence, suivant l'avis du directeur Titot, repoussa la demande des Marchands ([2]).

On avait eu « de tout temps » la faculté à Montbéliard de confier directement au messager de la Seigneurie les lettres pour Belfort, moyennant 1 sol par lettre simple. Celui-ci les remettait à leur adresse et rapportait la réponse en recevant de même 1 sol. De cette façon, les deux villes pouvaient correspondre entre elles dans la même journée.

Or, il arriva que la nouvelle directrice des postes de Belfort, Mme Feltin, fit défense en 1788 au messager de Montbéliard de se charger d'aucune lettre, prétendant que les lettres devaient passer par son bureau pour être taxées de 2 sols, ce qui, avec le sol à payer au directeur de Montbéliard, élevait le port d'une lettre à 3 sols. De plus, il fallait attendre trois jours pour avoir une réponse. Les Belfortains eux-mêmes se plaignaient de cette mesure qui était préjudiciable au commerce.

La Société des Marchands adressa au prince des remontrances à ce sujet. Les Marchands demandèrent qu'on obligeât le messager à demeurer à Belfort les mercredi et dimanche jusqu'à l'arrivée du courrier de France. Ils sollicitaient, d'une part, pour le dédommager, l'abandon à son profit par la Seigneurie du port des lettres Montbéliard-Belfort et *vice versa*, et d'autre part, une augmentation de la « douceur » que Mme Feltin recevait annuellement de la Recette Générale, la directrice de Belfort devant avoir plus de peine dans ses fonctions, si surtout elle faisait état à la poste de Montbéliard du port des lettres qui passeraient par son bureau ([3]).

Le marchand G.-S. Sahler fut chargé par le Conseil de Régence de « s'aboucher » avec Mme Feltin. Dans le compte rendu de sa mission, nous voyons que cette dernière ne demandait pas mieux que de s'arranger. Elle était toute prête à réunir dans un seul paquet toutes les lettres arrivant par les courriers

---

(1) *Arch. comm. de Montbéliard.* Avis de Titot du 7 mai 1762.

(2) *Arch. comm. de Montbéliard.* Résolution du Conseil du 21 déc. 1763.

(3) *Arch. comm. de Montbéliard.* Remontrances au prince, du 10 juin 1788.

du mercredi et du dimanche. Mais il faudrait en ce cas que le messager attendît le courrier de France qui arrive l'été entre 9 et 11 heures du soir et en hiver « suivant que les temps sont ».

Montbéliard demandait pour les lettres destinées aux au-delà de Belfort, la suppression du sol qu'on pouvait faire payer par le destinataire, en en « chargeant » la lettre. C'était là une innovation que la directrice ne pouvait décider et qu'il appartenait au Conseil de Régence de négocier avec M. d'Oigny, Intendant des Postes à Paris. Le Conseil pourrait lui représenter que la Ferme n'en souffrirait pas « vu que cette charge d'un sol par simple lettre ne tomberoit que sur nos correspondants tant suisses, allemands, anglois, hollandois que françois et alsaciens, lesquels naturellement devroient payer le port de nos lettres comme nous payons celui des leurs ». L'Intendant des postes aurait à prendre en outre en considération que le produit de la poste de Montbéliard s'élève pour la Ferme actuellement à près de 12,000 livres.

Mme Feltin réclamait pour surcroît de travail une indemnité annuelle de 200 livres.

G.-S. Sahler insiste dans son rapport pour que les lettres, au lieu de passer par le bureau, puissent être remises au messager comme précédemment, et ainsi que cela se fait à Héricourt [1].

Le directeur des postes de Montbéliard, dont on prit l'avis, fit observer que si le messager devait attendre à Belfort l'arrivée du courrier de France, il serait obligé de coucher dans cette ville la plus grande partie de l'année. De là de nouveaux frais. Il serait plus avantageux d'envoyer un homme le lundi et le jeudi matin chercher les lettres.

En ce qui concerne les lettres envoyées de Montbéliard à Belfort, Mme Feltin lui avait écrit plusieurs fois de défendre au messager de s'en charger directement. Elle avait même fait vider les poches du messager Maitrot, à ce sujet. Et depuis une « couple » d'années, on taxait à Belfort les lettres pour Montbéliard de 2 sols sans qu'il fût permis, par réciprocité, d'appliquer la même taxe à Montbéliard pour les lettres de Belfort.

Quant à Mme Feltin, elle était tenue de faire les paquets de

---

(1) *Arch. comm. de Montbéliard.* Compte rendu au Conseil de Régence du 7 juillet 1788.

lettres pour Montbéliard comme ceux des autres villes, sans autre rétribution que les appointements que lui servait la Ferme générale des postes de France [1].

L'année suivante, Mme Feltin fit de nouvelles instances à Montbéliard pour obtenir une indemnité de 100 écus à raison des peines extraordinaires que lui donnait le courrier pour Montbéliard.

Elle faisait alors 4 paquets de dépêches par semaine, les lundi, mercredi, vendredi et dimanche. Elle ne recevait pour toute gratification que 50 livres annuelles, somme insuffisante, dit-elle, pour la dédommager même des frais de sa régie qui l'obligeait en outre de tenir un registre et d'établir des feuilles d'avis quatre fois par semaine, ce qui augmentait ses frais, et lui prenait un temps considérable et d'autant plus précieux que c'était à l'arrivée du courrier d'Huningue et au départ de celui de Paris qu'elle faisait le paquet pour Montbéliard. Elle devait payer un commis de plus.

Elle sollicitait 300 livres d'indemnité annuelle, si mieux n'aimait la ville de Montbéliard faire prendre ses lettres au bureau de Belfort aux heures fixées par l'administration, ainsi que procédaient les bourgs et villages de la distribution de ce bureau.

Le Conseil de Régence, avant de traiter avec Mme Feltin, songea à recourir à d'autres moyens moins onéreux.

Le messager ayant offert de payer et retirer les lettres aux heures fixées, on pouvait essayer cet expédient. Les 50 livres accordées à Mme Feltin lui serviraient de gratification.

On recevait à Montbéliard les lettres de France, deux jours après leur arrivée à Belfort. Celles du vendredi n'étaient même distribuées que le mardi suivant. Le messager pourrait attendre l'arrivée du courrier de France (à 2 h. du matin en hiver et vers 11 h. ou minuit en été) les mercredi et vendredi. Il arriverait assez tôt le jeudi et le samedi pour que le Conseil et le public pussent recevoir leurs lettres de bonne heure dans la matinée ; il est probable qu'il se contenterait d'une légère rétribution pour quelques heures de retard « puisque son cheval ne mangera pas plus dans une écurie que dans une autre ». Mais il faudrait s'assurer si Mme Feltin s'astreindrait à lui remettre les lettres dès l'arrivée du courrier.

---

(1) *Arch. comm. de Montbéliard*. Avis du 4 février 1789.

Un autre moyen d'avoir plus tôt les lettres de France serait d'envoyer à Belfort un exprès les mercredi et vendredi dans la nuit. Il retirerait ces lettres le matin et elles pourraient être distribuées à Montbéliard aussi dans la matinée. Il recevrait 30 sols par voyage et on pourrait charger chaque lettre de France d'un ou deux liards de plus pour récupérer ces frais.

Enfin on pourrait prier aussi S. A. S. qui paie un petit écu par voyage à un exprès de Belfort, de permettre que l'exprès envoyé de Montbéliard rapportât les lettres pour la Cour avec celles du public moyennant une rétribution qui procurerait encore au prince une économie (1).

La Société des Marchands, consultée par le Conseil de Régence, répondit que la demande de Mme Feltin ne la regardait pas, mais bien la Seigneurie qui profitait de l'augmentation de la correspondance depuis plusieurs années (2). Déduction faite de toutes charges et du port de ses lettres, il lui restait un bénéfice de plus de 1500 livres annuellement.

En second lieu, c'était à la Ferme Générale des Postes de France qui bénéficiait également de l'augmentation de la correspondance de Montbéliard, à améliorer la situation de la directrice de Belfort.

Ils proposaient au Conseil de Régence de demander aux Administrateurs Généraux à Paris que les lettres venant de Montbéliard au lieu de payer 1 sol au bureau de cette ville, fussent taxées au bureau de Belfort de ce sol qui de la sorte serait supporté par le destinataire étranger. La directrice de Belfort s'engagerait à joindre aux paquets des lettres d'Allemagne et de Suisse arrivant les lundi, mercredi et vendredi, les lettres de France arrivant les dimanche, mercredi et vendredi. Il faudrait aussi qu'elle ne s'opposât plus, comme elle le faisait depuis quelque temps, à ce que le messager se chargeât des lettres pour Belfort, lettres dont il pouvait rapporter la réponse au retour, alors qu'en passant par le bureau, celle-ci mettait trois jours pour parvenir à destination.

Cela dit, les Marchands accepteraient volontiers qu'une taxe

---

(1) *Arch. comm. de Montbéliard.* Sans date ni signature.

(2) *Arch. comm. de Montbéliard.* Remontrances des députés du corps des marchands, du 23 janv. 1789.

d'un sol supplémentaire fût établie sur les lettres de France. Cette majoration serait plus que suffisante pour permettre à la Seigneurie d'accorder à Mme Feltin les 300 livres sollicitées.

A défaut de ces combinaisons, ils demandaient pour le port et la réception des lettres le maintien du *statu quo*, nonobstant le préjudice que leur causait le retard du courrier de France qui les plaçait dans un état d'infériorité vis-à-vis des commerçants du dehors, à un moment où le commerce local diminuait sensiblement.

Mlle Titot, directrice du bureau de Montbéliard, sans se prononcer sur la rétribution réclamée par Mme Feltin, reconnaissait que la besogne causée par le courrier de Montbéliard au bureau de Belfort, s'était accrue du double depuis une dizaine d'années. Elle estimait que l'Administration Générale des Postes pouvait contraindre la directrice de Belfort à faire un paquet le dimanche pour les lettres de France, comme elle en faisait un pour Porrentruy et même pour Blamont [1].

A la suite de toutes ces informations, une ordonnance du prince Frédéric-Eugène, en date du 21 janvier 1790 [2], accorda à la directrice du bureau de Belfort, une indemnité de 150 livres pour 1789, et la même somme dorénavant lui fût versée annuellement pour la récompenser de ses peines.

---

(1) *Arch. comm. de Montbéliard.* Rapport du 4 déc. 1789.

(2) *Arch. comm. de Montbéliard.*

IV

Le Produit de la Poste.

La poste montbéliardaise était ou bien mise en régie ou bien affermée.

Felgenhauer, d'abord simple distributeur des lettres puis maître du bureau de poste, nous apprend que du premier novembre 1719 à pareil jour de l'année 1721, le bénéfice de la poste s'est élevé à 741 livres 11 sols 3 deniers, soit à 370 livres environ par an. Un rapport du Conseil de Régence confirme ces chiffres : il est dit dans ce document que la poste rapportait alors 350 livres « par communes années ».

Quelle était l'importance du mouvement postal à Montbéliard au commencement du XVIIIe siècle ? Voici, pour nous renseigner, l'état des lettres reçues ou expédiées par Felgenhauer pendant les quatre premiers mois de 1724, avec les recettes correspondantes, à raison de 1 sol par lettre (1) :

Lettres reçues,	janv. 1724	— 404	Recettes,	20 l. 2 s.
»	fév. »	— 382	»	19 l. 2 s.
»	mars »	— 460	»	23 l.
»	avril »	— 429	»	21 l. 9 s.
Lettres expédiées,	janv. 1724	— 393	Recettes,	19 l. 13 s.
»	fév. »	— 361	»	18 l. 1 s.
»	mars »	— 342	»	17 l. 2 s.
»	avril »	— 345	»	17 l. 5 s.

Du 23 mars 1731 (date de l'entrée en fonctions de Jean-Georges Scharffenstein, son successeur) au 21 mars 1732, la

(1) *Ludwigsburg*, *Actendepot.* Rapport du Conseil au duc du 22 mai 1725.

poste mise en régie rapporta 2448 livres 15 sols 3 deniers y compris les ports de la Seigneurie. Défalcation faite de ceux-ci ainsi que des frais et du gage du maître de poste, il restait à la Seigneurie, un bénéfice net d'environ 200 livres.

D'autre part, nous voyons que les ports de lettres payés au bureau par la Seigneurie se montent :

De 1745 à 1746, à 1145 livres 16 sols 6 deniers (1)
1752 à 1753, à 805 l. 16 s. (2)
1754 à 1755, à 995 l. 6 s. 6 d. (3)
1761 à 1762, à 1035 l. 6 s. 3 d. (4)
1763 à 1764, à 1223 l. 10 s. 3 d. (5)
1768 à 1769, à 1042 l. 9 s. (6)
1771 à 1772, à 2082 l. (7).

Le produit net de la régie, confiée à Jean-Frédéric Morel s'élève, suivant le compte qu'il rend, de la Saint-Georges 1753 à pareil terme de 1754, à 286 livres 15 s. 6 d. (8); de la Saint-Georges 1754 à la Saint-Georges 1755, à 334 livres 14 sols (9). Le produit brut de la régie pour cette dernière période avait été de 852 livres 1 s. 6 d. Sur cette somme on avait payé, savoir :

Gage annuel du directeur	300 livres
Gage du messager Jean Weist	150 l.
Pour chandelles de l'année	10 l.
» cire, encre, papier ficelle.	2 l. 10 s.
» lettres de rebus renvoyées à Belfort .	4 l. 17 s.
» gratification ordinaire à Delaporte, directeur des postes à Belfort. . .	50 l.

Trente ans après, le produit de la poste avait triplé. Du 23 avril 1791 au 22 avril 1792, il s'éleva à 1962 livres 19 sols 6 deniers (10).

---

(1) *Arch. Doubs.* E. 1125.
(2) *Arch. Doubs.* E. 1126.
(3) *Arch. Nation. Fonds Montbéliard.* K. 2098.
(4) *Arch. comm. Montbéliard.* CC. 4.
(5) *Arch. Doubs.* E. 1132.
(6) *Arch. Doubs.* E. 1133.
(7) *id.*
(8) *Arch. Doubs.* E. 1123.
(9) *Arch. Nation. Fonds Montbéliard.* K. 2098.
(10) *Arch. Nation. Fonds Montbéliard.* K. 2098.

Dans le compte des dépenses dont le montant est de 900 livres 14 sols, on voit figurer notamment :

350 livres pour gages de la rendante Titot.
24 » » frais de bureau.
200 » » gage du messager.
6 » » ses étrennes du nouvel an.
15 » payées à Boltz [portier du bureau de Belfort] pour avoir ouvert la porte au messager.
150 » payées à Mme Felletin pour gratification.
42 » pour la Gazette Universelle.
36 » » la Gazette de Berne.
54 » » le Courrier de l'Europe.

Au moment de la Révolution, le produit brut de la poste montbéliardaise était de près de deux mille livres. Le montant des ports de lettres payé alors par la Seigneurie variait lui-même entre 1500 et 2000 livres par an.

V

Coches, Diligences et Messageries.

1

Etablissement d'un Coche de Besançon à Strasbourg en 1730

Le directeur des postes de Besançon établit en 1730 un coche public qui se rendit de Besançon à Strasbourg deux fois par semaine.

Des pourparlers furent engagés avec le prince de Montbéliard pour faire passer ce coche par Montbéliard [1], mais ils n'aboutirent point et le coche prit sa route par Héricourt [2].

Or, il arriva qu'une main inconnue apposa des affiches à Montbéliard pour annoncer au public la départ de ce coche et le prix des places entre Besançon et Strasbourg.

Soucieux des prérogatives du prince, le Conseil de Régence immédiatement s'en émut et ouvrit une information à l'effet de rechercher et châtier les auteurs de cet affichage clandestin. Ceux-ci restèrent introuvables.

Le Conseil de Régence suppose que l'entrepreneur du service, un nommé Jean Corbet, avait soudoyé quelqu'un de la ville ou un étranger pour exécuter cette besogne, peut-être nuitamment.

« Dans ces circonstances où il ne s'est rien fait ici de la part

(1) *Arch. comm. de Montbéliard.* Lettre du Conseil de Régence au prince, du 21 sept. 1730.

(2) *Id.* Relation du Conseil au prince, du 18 janv. 1731.

du roy ni de l'intendant... n'y paraissant point qu'il y eut eu aucun dessein de donner atteinte à la souveraineté de S. A... » le Conseil de Régence rassuré se borna à faire arracher les placards par un de ses huissiers [1].

2

Diligence entre Colmar et Belfort en 1750.

Une ordonnance de l'Intendant d'Alsace Barthélemy de Vanolles, en date du 19 décembre 1749, autorisa les maîtres de poste de la route de Colmar à Belfort à établir une diligence relayant de poste en poste, pour assurer le service des correspondances et des voyageurs entre ces deux villes.

Cette diligence, à partir du 4 février 1750, partit de Colmar pour Belfort tous les mercredis, en hiver à 7 heures du matin et en été à 5 heures. Elle repartait de Belfort le dimanche aux mêmes heures, suivant la saison.

Les voyageurs payaient, sur le pied de 20 sols par poste, une somme de 7 livres pour le trajet Colmar-Belfort. Ils bénéficiaient d'une franchise de bagages de 30 livres ; ils payaient l'excédent à raison de 1 sol par livre pour le même trajet.

Les voyageurs de Colmar à Rouffach payaient 30 sols, avec la même franchise, et 3 deniers par livre d'excédent sur le même parcours.

Les voyageurs de Colmar à Cernay payaient 3 livres 10 sols, aussi avec la même franchise et 6 deniers par livre d'excédent.

3

Projet d'établissement d'une Messagerie de Baume-les-Dames à Héricourt en 1759.

A la fin de l'année 1759 et au commencement de 1760, des négociations furent entamées entre le sieur Thiébaud, subdé-

(1) *Arch. comm. de Montbéliard.* Lettre à son Excellence M. le Gouverneur, du 28 juin 1732.

légué à Baume de l'Intendant de Franche-Comté et le Conseil de Régence de Montbéliard, en vue de l'établissement d'une messagerie entre Baume et Héricourt, passant par Clerval, l'Isle-sur-le-Doubs et Arcey.

On prévoyait la mise en route de deux messagers qui partiraient deux fois par semaine l'un de Baume, l'autre d'Héricourt, et échangeraient leurs dépêches à l'Isle-sur-le-Doubs.

Chaque messager recevrait 20 sols par voyage, gage qui devait être amélioré par les bénéfices que lui procureraient les commissions. Le messager d'Héricourt toucherait un supplément pour porter ses dépêches à Montbéliard, le lendemain de son retour.

La dépense de ce service devait être répartie entre les communes intéressées. La seigneurie de Blamont devait être appelée à bénéficier de cette innovation ainsi que les villages de Bourguignon, Mathay, Voujaucourt, Dampierre, Berche et Etouvans qui avaient des relations suivies avec les marchés de Montbéliard.

La quote-part incombant à chaque commune devait varier entre 3 et 4 livres et cette charge serait compensée par la réception en franchise des ordres émanant de la subdélégation. Le Conseil de Régence et la subdélégation auraient la même franchise pour les dépêches circulant à l'intérieur de la messagerie.

Les seigneuries de Blamont et Clémont participant à cet établissement, un entrepôt devait être créé à Sochaux pour que le messager ordinaire de Blamont à Belfort pût y laisser en passant les lettres destinées à la messagerie d'Héricourt et en retirer les lettres à destination de Blamont.

Nous voyons par une lettre en date du 10 mars 1760, adressée à M. Thiébaud, que la combinaison projetée agréait au Conseil de Régence, mais il demandait que le gage de l'entreposeur de Sochaux et le messager de Montbéliard à Sochaux fussent payés au moyen d'un repartement sur les communes des seigneuries de Blamont et Clémont, bénéficiant seules de cette section de la messagerie. Montbéliard ne devait prendre à sa charge que le gage du messager se rendant deux fois par semaine à Héricourt.

On faisait remarquer que Montbéliard, sans grandes relations avec l'intendance, n'aurait intérêt à l'établissement de la messagerie que pour ses affaires pendantes devant le Parlement. On demandait en conséquence que le messager de Baume à Besançon, fût tenu de remettre en franchise au procureur de Montbéliard à Besançon toutes les lettres émanant du Conseil de Régence qui lui seraient confiées.

Nous n'avons pas connaissance que ce projet de messagerie ait été exécuté.

4

Rétablissement de la poste à Baume en 1764.

En 1764, Baume-les-Dames fit des démarches pour le rétablissement de sa poste (1).

« Le bien du service du roy relatif au passage de ses troupes et à la promte connoissance de ses ordres, celui des voyageurs, celui encore des sujets de S. A. le Prince de Wirtenberg dans la subdélégation de Baume » (2), tels sont les motifs sur lesquels s'appuie la ville pour solliciter ce rétablissement.

Le Conseil de Régence de Montbéliard, sollicité par les magistrats de Baume, appuya leur requête dont il saisit, en la lui recommandant, le baron de Thun, ministre du Wurtemberg à la cour de France.

La principauté de Montbéliard s'intéressait particulièrement à ce projet à cause des affaires qu'elle avait à traiter fréquemment tant à Besançon qu'à Baume, et qui souffraient quelquefois d'assez longs retards préjudiciables à S. A. S. par défaut de prompte communication (3).

La correspondance échangée entre le Conseil de Régence et M. de Thun montre la part active que prit le prince de Montbéliard au rétablissement de la poste de Baume.

En 1785, nous voyons qu'il y avait dans cette subdélégation 5 postes établies sur la route de Besançon à Belfort, C'étaient celles de Roulans, Baume, Branne, l'Isle-sur-le-Doubs et Tavey (4).

---

(1) *Arch. du Doubs.* E. 1635.

(2) Lettre des Magistrats de Baume au Conseil de Régence, du 20 mars 1764.

(3) Lettre du Conseil de Régence à M. de Thun, du 9 avril.

(4) « qui ne sont point chargées de la malle pour l'Alsace, attendu que le courrier qui en est porteur passe sur celle de Vesoul ». (*Arch. du Doubs.* C. 175.)

Le maître de poste de Tavey, Pierre-Joseph Jacoley, assurait le service jusqu'à l'Isle-sur-le-Doubs d'un côté (en correspondance avec Besançon par les bureaux ou relais de Branne et Baume-les-Dames) et jusqu'à Belfort, de l'autre.

Il disposait de 3 postillons et de 10 chevaux et jouissait d'un gage annuel de 180 livres (1).

Le service de cette poste, dit un rapport du temps, était « bon et bien fait ».

5.

Etablissement d'un Messager de Montbéliard à Stuttgart en 1771.

Le duc Charles-Eugène, « préoccupé du bien-être de ses chers et fidèles sujets de la Principauté » et « prévoyant que leur éloignement de la résidence les priverait du précieux avantage... de lui présenter immédiatement leurs très humbles requêtes, mémoires et autres objets de remontrances... » fit établir un messager de Montbéliard à Stuttgard, lequel, à partir du 15 septembre 1771, se rendit une fois par mois désormais dans le duché de Wurtemberg (2).

Les plaignants et solliciteurs pouvaient s'adresser à ce messager « en toute confiance » et lui remettre leurs écrits pour le prince. Néanmoins le Conseil de Régence exhortait « tous et un chacun de s'abstenir très soigneusement de toutes plaintes et remontrances mal fondées ou contraires à la vérité », faute de quoi « ils encourroient certainement toute l'indignation de S. A. S. et ensuite seraient punis exemplairement ».

Ce service ne fonctionna pas longtemps, non plus qu'un service semblable qui avait été tenté déjà en 1724 (3).

---

(1) Comme fortune, il possédait en propre 20 journaux de prés et champs. On avait l'intention de relever les appointements et la situation en général des maîtres de poste quelques années avant la Révolution, et c'est à ce dessein qu'on avait institué une enquête sur leur état de fortune.

(2) Décret du Conseil de Régence, du 26 août 1771. (*Bibliothèque de Besançon. Collection Duvernoy.* In-folio 6. Ville de Montbéliard. Tome I, p. 74.)

(3) *Arch. Nation. Fonds Montbéliard*, K. 1942.

6

Etablissement d'une Messagerie ou diligence de Montbéliard à Bâle et à Mulhouse en 1788.

Le sieur Jean-Henri Vicki, d'Essingen, avait obtenu, au mois de mai 1788, des fermiers généraux des messageries de France, le renouvellement d'un bail aux termes duquel il assurait, au moyen de voitures suspendues, le service de messagerie entre Belfort et Bâle par Altkirch. Une clause de son bail l'autorisait, s'il le jugeait convenable à ses intérêts et au bien du service, à établir une seconde messagerie de Mulhouse à Altkirch et d'Altkirch à Montbéliard pour correspondre avec ses autres voitures.

« Les liaisons de comerce entre Montbéliard, Basle et Mulhouse, expose-t-il dans une requête au prince Frédéric-Eugène ([1]), exigeroient pour l'avantage réciproque de ces trois villes et particulièrement pour le bien de celle de Montbéliard qu'il y eut une voiture dont le départ fixe fournit l'occasion de faire passer dans ces différents endroits les paquets et balots qu'on ne peut faire parvenir que difficilement parce que le plus souvent l'objet est de trop peu de conséquence pour y envoyer un voiturier exprès ».

De là des frais considérables pour les négociants de Montbéliard obligés d'adresser leurs ballots pour Mulhouse et Bâle à des négociants de Belfort.

Vicki fait remarquer que l'établissement d'une messagerie de Montbéliard à Mulhouse présenterait un autre avantage. « Comme on envoye plusieurs jeunes gens de Basle et Mulhouse pour apprendre le françois à Montbéliard, les parents auront une facilité de plus non seulement pour y envoyer leurs enfans, mais pour y faire passer leurs hardes et les petits objets dont ils peuvent avoir besoin ».

Il ajoute « que ses voitures de diligence et messagerie seront à un prix aussi modique que possible. Il prendra neuf livres

---

(1) *Arch. comm. de Montbéliard.* Requête à Frédéric-Eugène, du 1er avril 1788.

par personne qu'il conduira à Basle; chaque personne aura dix livres de hardes franches; les paquets jusqu'à cinquante livres payeront 1 sol par livre et il fera le transport des grands ballots et marchandises sur le même pié que les voituriers ordinaires peuvent les conduire et chaque semaine, à jour fixé, il arrivera en cette ville. Ayant été sollicité à Basle et à Mulhouse de faire passer cette messagerie à Montbéliard, il ne veut le faire qu'après en avoir obtenu la gracieuse permission de S. A. S. »

La Société des Marchands invitée à donner son avis sur l'opportunité de cet établissement répondit qu' « il ne pourroit qu'être avantageux et commode pour le commerce et pour les particuliers de cette ville, et qu'en conséquence on verroit avec plaisir qu'il ait lieu » (1).

Le directeur Titot, de son côté, conclut à l'utilité de cette messagerie et pour le commerce et pour les particuliers, en demandant toutefois que Vicki n'empiétât point sur les attributions du messager de Montbéliard à Belfort.

« Je pense, écrit-il au Conseil, que Wicki ne doit se charger pour Montbéliard que des paquets et autres effets qui lui seraient remis par les villes de Basle, Milhausen et sur sa route... qu'en conséquence il lui sera défendu de se charger à Belfort des paquets pour cette ville ni de ceux venant d'Alsace et d'autres endroits » (2).

La messagerie de Montbéliard à Bâle et à Mulhouse commença à fonctionner en mai 1788 (3).

---

(1) *Arch. comm. de Montbéliard*. Avis des Marchands, du 3 avril 1788.

(2) *Arch. comm. de Montbéliard*. Avis de Titot, du 6 avril.

(3) Disons ici que les princes de Montbéliard ne s'arrogèrent jamais le droit de messagerie ou de transport. Un édit du Conseil de Régence, du 17 mars 1718, ayant défendu aux particuliers de tenir des chevaux de louage à peine de 50 et 100 livres d'amende (en cas de récidive), et ayant concédé privilège pour cette location à la veuve André-David Greys et à son fils Marc, les corps de ville de Montbéliard protestèrent énergiquement contre cette décision. Ils ne contestaient point au prince le droit « d'establir des postes publiques et des chevaux de relai dans ses propres états », mais estimant que l'établissement d'une banalité sur les chevaux de louage allait à l'encontre de la liberté publique, du bien et de l'intérêt des particuliers, ils demandèrent qu'on laissât le louage des chevaux libre et permis à tous « comme il a esté du passé et de toute ancienneté ». (*Arch. comm. de Montbéliard*. Requête des 3 Corps de ville à S. A. S. du 23 mars 1718, BB. 2, p. 168). Les bourgeois obtinrent gain de cause.

Voici le texte du placard qui fut apposé sur les murs pour l'annoncer au public :

MESSAGERIE OU DILIGENCE

DE MONTBÉLIARD A BASLE ET MULHOUSE CORRESPONDANTE AVEC CELLE DE PARIS

Cette voiture arrivera à Montbéliard tous les vendredis à neuf heures du matin, et repartira le même jour à une heure de l'après-midi. Ceux qui désireront d'en profiter soit pour se rendre à Basle, à Mulhouse ou dans les endroits situés sur la route de ces deux villes, ou encore pour joindre à Belfort la Diligence de Paris, soit pour y faire passer des Marchandises, des Hardes ou des Paquets, pourront s'addresser chez le sieur Pierre-Louis SAHLER, Négociant à Montbéliard, qui recevra tout ce qui sera destiné pour ces différentes villes et pourra communiquer le Tarif concernant le transport des Personnes ou des Marchandises. »

Nous ignorons combien de temps fonctionna cette messagerie qui avait été mise à l'essai pour six mois [1].

---

(1) En finissant ce travail sur « La Poste Montbéliardaise », nous adressons nos remerciements sincères à M. le Dr Otto de Schanzenbach, Directeur de la Bibliothèque Royale de Stuttgart, ainsi qu'à MM. Léon Nardin et Lucien Raulet pour le concours précieux qu'ils ont apporté dans nos recherches.

DOCUMENTS

1676 — Exemption de logement de gens de guerre accordée a Jean Beurnier, Maître de postes a Montbéliard.

Le Sr Jean Burnier, marchand, doibt pour quartier d'hyver racheplé de l'année 1677 à 1678, livres 180

[En marge]

Le Sr Jean Burnier a faict conster par lettres d'establissement de Maistre de poste en l'an 1676, une exemption entière de logement de gens de guerre ou à solde.

En l'hostel de ville, le 12 O^bre^ 1697.

Il a apparu par les ordres de Monsieur le Marquis de Louvois du 2 de may 1676 que le Sr Jean Beurnier, maistre des postes de Montbéliard, debvait estre adliberé du quartier d'hyver de lad. année duquel il vouloit et ordonnoit que il fust tenu exempt et deschargé com[me] estoyent tous les autres maistres de postes de tout le Royaume. Suivant quoy led. S. Beurnier en demeure entièrement deschargé sans en pouvoir estre recerché à l'advenir luy ny les siens.

Faict en l'hostel de ville, le 20 feurier 1699.

[Signé] : Titot.
J.-F. Duvernoy.
J.-J. Duvernoy.

(Archives communales de Montbéliard, CC. 24).

1696 — Brevet de David Lorillard comme maître de la poste aux lettres de Montbéliard.

Aujourdhuy vingt neufviesme du mois de décembre 1696. Le Roy estant à Versailles, Sa Ma^te^ ayant pour bonnes considérations révoqué le nommé Claude Girard, maistre de la poste de Montbéliard au Comté de Bourgogne dont elle l'avoit pourveu et estant nécessaire de remplir cette charge d'un sujet capable de la bien exercer, Sa Ma^té^ sur les bons tesmoignages qui luy ont esté rendus de la capacité et expérience au faict des postes, dilligence et bonne conduitte de David Lorillard ainsy que de la profession qu'il faict de la Religion Catholique, Apostolique et Romaine, a commis et commet led. David Lorillard pour doresnavant exercer la charge du maistre de la poste de Montbéliard et d'icelle jouir et user ensemble des privilèges, franchises et exemptions y attribuées et aux appointemens qui luy seront ordonnez par les Etats de Sa Mat^té. Le tout tant qu'il luy plaira, à la charge par led. David Lorillard d'avoir bon et suffisant équipage pour faire le service requis, et de garder les ordonnances et réglement sur le faict des postes à peine d'estre decheu desd. privilèges et pour termoignage ce qui est en cela de la volonté de Sa Majesté, Elle m'a commandé d'en faire expédier le présent Brevet qu'elle a signé de sa main et fait contresigner par moy son Con^er, Secrétaire d'Estat et de ses Commandemens et finances.

[Signé] : Louis.

[Et plus bas] : Le Tellier.

Enregistré au Controlle général des Postes de France par Nous, Conseiller du Roy, Controlleur général des dites postes à Paris, le quatriesme janvier mil six cent quattre vingt dix sept.

[Signé] : Rouille.

La copie cy dessus a esté deûment vidimée, collationnée et trouvée conforme à son original en parchemin, par nous Jean-George Cucuel et Jean-George Ponnier, tous deux notaires bourgeois de Montbelliard, en foy de quoy nous nous sommes soubsigné aud. Montbelliard, le dix-sept mars mil sept cent dix.

[Signé] : Cucuel-Ponnier.

(Archives Nationales. Fonds Montbéliard. K. 1941.)

1698 — Institution de Jacques Schor comme maître de la Poste aux lettres et aux chevaux

Par ordre expres de Son Altesse Serenissime Monseigneur le duc George, duc de Wirtemberg et Teck, comte de Montbéliard, etc., j'ay establi Jacque Schore, Bourgeois et subject de leur Altesse Sérénissime à Montbéliard, M^re de poste aud. Montbéliard, tant au regard des lettres que celle des chevaux, luy promettant de luy payer les mesmes gages droits et émoluments, que ceux de Sa Majesté ont eû et led. Schore se pourvera de quattres bons chevaux pour le service de lad. poste.

Fait à Montbéliard, ce 10^r feub. 1698.

[Signé] : R. Beurlin.

(Archives Nationales. Fonds Montbéliard. K. 1941.)

1698 — Ordonnance ducale fixant les gages du maître de postes Schor.

Par la grâce de Dieu, Nous, George, Duc de Wirtemberg et Teck, Prince régnant de Montbéliard, souverain Seigneur d'Héricourt, Chastelot, Blamont et Clémont.

Sur remonstrances à nous faites par Jacques Schor, bourgeois de notre ville de Montbéliard et pour bonnes considérations à ce nous mouvantes, Nous le recevons et établissons maître de postes en notre ville de Montbéliard, tant pour les lettres que chevaux de postes qu'il entretiendra à cet effet en nombre de quatre qu'ils soient bons et propres pour l'usage des d^{rs} postes moyennant le gage de deux cents livres, cent quatre-vingt livres pour la nourriture des d^{ts} chevaux et l'exemption d'entrée et d'angal de cent tinnes de vin annuellement, le tout à commencer dez le premier de mars prochain, stile nouveau.

Faites en notre chasteau de Montbéliard, le 10me février 1698.

Par ordonnance :

[Signé] : G. Duvernoy.

(Archives Nationales. Fonds Montbéliard. K. 1941.)

1712 — Réclamation d'indemnité faite par Schor, maître de postes.

Il est deshu au souscript J. Schor la soumes de trente escus pour frais et interrel quiel a soutenu et suporter en l'en mil six cent nonante huiste que S. A. S. monseigneur le duc George de tres gloriheuse mainmoire luy fit l'honneur et la grace de luy faire expeediere Brenet pour estre Maistre de poste, en conséquence duquel et par les ordres de sa dite Aletaisse Ceeremisime il fit emplaite de cheveau et de prounission sans ce que cependant quiel aye iouis du Benefise de la dite poste en sorte quiel en na souffaire un ninterret considerable quiel resdhuiet seulement à la dite sommes de trente escus supliyean très humblement S. A. S. vouloir bien grasiheusement en nordonner le peyement pour laquel grace il fera des prières à Dieu pour leur heureusse, santés et proceperites de S. A. S.

Faist à Monbeiliard, ce 28 Xcembre 1712.

[Signé] : J. Schors.

[Au bas] :

Receu le payemen sy dessus.

A Montbéliard, le 2 janvier 1713.

[Signé] : J. Schors.

(Archives Nationales. Fonds Montbéliard. K. 1941. Lettre originale).

1718 — Etablissement d'un bureau pour les lettres a Montbéliard. Tarif.

De la part de Son Altesse Serenissime.

Les Gens tenants le Conseil de Son Altesse Serenissime ayant trouvé à propos pour le bien public, la dilligence des lettres, et l'avancement du Commerce de ses sujets, d'establir un bureau des Lettres et un messager ordinaire pour les porter à Belfort et rapporter dud. Belfort celles qui regarderont lesd. sujets et les Etats de sad. Altesse Serenissime, ce qu'estant nécessaire de rendre publique, le Conseil de sad. Altesse Serenissime déclare que le bureau desd. lettres est estably chez le Secretaire Felgenhauer qui tiendra le Bureau ouvert pour recevoir lesd. lettres tous les lundy, mardÿ, jeudÿ et samedÿ, dez les neuf heures jusqu'à onze du matin et pour la distribution des d. lettres, tous les dimanche, mardy, mecredÿ et vendredy.

Son bureau sera ouvert dez les dix heures du matin jusqu'à midÿ, auxquelles heures les particuliers portant Lettres aud. bureau, payeront aud. Felgenhauer les droits cy après déclarés et mettront en suitte leurs lettres dans la boete qui sera à cet effect aud. Bureau, faute de quoy elles ne partiront point, et payeront esgalement en retirant les lettres qui leur arriveront, le port qui sera marqué sur chasque lettres.

Sensuivent les droits et port desd. lettres, tant pour l'aller que pour le venir.

1. Pour une simple Lettres neuf deniers autant pour aller autant pour le retour.

3. [sic] Pour une double lettre un sol trois deniers, pour aller autant pour le retour.

4. Et quant aux lettres en pacquet payeront, scavoir :

   1. Par pacquet d'une demie once un sol six deniers pour aller autant pour le retour.

   2. Par pacquet d'une once trois sols pour aller autant pour le retour.

   3. Et conséquemment des autres pacquets à proportion,

5. Et quant aux lettres qui seront écrites de cette ville ou d'autres endroits des Estats de son Altesse Serenissime pour Belfort seulement payeront trois sols par chasque simple Lettres, et autant pour le retour ordonnant à un chascun de se conformer au présent réglement.

6. Deffendant à tous, sans distinction, tant en général qu'en particulier de se charger d'aucunes lettres pour porter à Belfort, et en rapporter ny d'establir des porteurs de leurs lettres au préjudice du présent establissement à peine de cinquante livres d'amende pour la première fois, aplicable le tier au dénonciateur, de cent livres pour la seconde, et de chastoy corporel en cas de récidive.

Mandé et faict au Conseil le neufvième novembre mil sept cent dix huict. [sans signature].

(Archives Nationales. Fonds Montbéliard. K. 1941. Minute.)

13 Décembre 1756 — Règlement des Postes de Montbéliard.

Les Vice-Président et Conseil de Régence de Montbéliard pour S. A. S. Monseigneur le Duc régnant de Wirtemberg, etc... ayant trouvé bon de remplir l'employ du bureau des lettres au dit Montbéliard devenu vaquant par la mort de Jean frideric Morel, chaudronnier aud. lieu, ont choisi et nommé pour cet effet frideric Nicolas Titot, orphèvre bourgeois dud. Montbéliard et luy ont prescrit les articles suivants pour son instruction dans les fonctions de cet employ.

1°

Il sera fidèle et attaché aux intérêts de S. A. S. et exécutera ponctuellement les ordres qui luy seront donné par les Vice-Président et Conseil relativement à l'employ qui luy est confié.

2°

Il suivra exactement le tarif pour la taxe des lettres qui passent par l'Alsace et qui sont destinées pour l'Allemagne, et taxera conséquemment celles qui luy seront remises et ne surpassera en aucune manière cette taxe, au surplus il prendra l'arrengement convenable avec le directeur des Postes aux lettres de Belfort pour tout ce qui peut concerner le Bureau des lettres de Montbéliard.

3°

Quant au port des lettres dès Montbéliard à Belfort ou dès Belfort à Montbéliard, il se conformera à la taxe suivante :

Il luy sera payé pour une simple lettre sans enveloppe, un sol. . . . . 1 s.

Pour une simple lettre avec enveloppe, un sol trois deniers . . . . 1 s. 3 d.

Pour une lettre double, deux sols ou suivant la proportion de son poïds;

Pour les paquets indistinctement il exigera quatre sols par once.

4°

Son bureau restera ouvert tous les lundi, mercredi et vendredi en hyver jusqu'à onze heures et en été jusqu'à midi afin qu'il aye le tems d'enregistrer exactement sur le journal qu'il tiendra toutes les lettres qu'il recevra pour ensuite être à même de faire partir le messager avec le paquet à heure fixée, et le dimanche il tiendra son bureau ouvert jusqu'à huit heures du matin, tems auquel les lettres doivent être remises au messager.

5°

Pour éviter toute erreur et confusion au sujet du payement du port des lettres qu'il enverra ou recevra de Belfort, il s'arreglera avec le Directeur du Bureau des Postes de ce dernier endroit, de telle façon qu'il puisse luy envoyer un état du montant des d. ports chaque fois qu'il fera partir le messager.

6°

Comme le port des lettres qui arrivent dès Belfort se trouve ordinairement sur l'adresse, il y joindra celuy qui vient à la Seigneurie au revers ou du côté où se trouve le cachet et l'écrira toujours en chiffres bien lisibles.

7°

Il aura soin de faire par luy même et sans en charger qui que ce soit toutes les fonctions attachées à cette régie, de ne point montrer les lettres qu'on lui remettra ou qu'il recevra et de ne les faire délivrer qu'aux personnes auquelles elles sont adressées, à moins que dans des cas particuliers, les Vice-Président et Conseil n'ordonnent de les leur montrer ou remettre.

8°

Il aura soin d'expédier exactement les lettres tant de la Seigneurie que des Particuliers et de les faire même distribuer dès qu'il les aura reçeu.

9°

Il ne déclarera point les correspondances des Marchands de cette ville à d'autres Marchands.

10°

Comme il a un messager établi actuellement, il le continuera à moins qu'il ne remarque qu'il ne s'acquite pas de son devoir, en ce cas il en proposera un autre qui soit honnête homme au Conseil pour y être reçeu et assermenté.

11°

Il ne permettra point au messager de se charger à son insçu d'aucun paquet pour Belfort ou d'autres endroits situés sur la routte, conséquemment si après les avoir vu, il juge que le messager puisse s'en charger, il en fera la taxe sur un pied médiocre dès qu'ils passeront la pesanteur de deux livres et en donnera quelques choses au messager pour ses peines extraordinaires, et le restant il le portera en conte au profit de la Seigneurie.

12°

Il luy défendra également de servir de messager à qui que ce soit sans en avoir un ordre par écrit des vice-Président et Conseil, ny de se charger de paquets renfermans des marchandises prohibées en Alsace par les ordonnances du Roy, et si on luy confie des marchandises, il aura soin de les faire déclarer au Bureau des fermes de Chatenois pour éviter par là en possible, qu'il ne soit arrêté ny fouillé par les buralistes ou par les Gardes.

13°

Il continuera de procurer aux Vice-Président et Conseil les Gazettes de Berne et de Schafouse au melieur prix qu'il luy sera possible.

14°

Il fera valoir du mieux qu'il pourra la Poste au profit de la Seigneurie en se faisant payer content le port des lettres et paquets indistinctement de tous ceux qui luy en remettront ou qui en recevront par son canal suivant la taxe qui luy est prescrite à l'exception des lettres adressées aux Vice-Président et Conseil qui seront franche.

15°

Il rendra chaque année un conte exact de la recette et dépense de sa régie et payera au messager son gage fixe de quartier en quartier ou d'un mois à l'autre, suivant qu'il s'arrangera avec luy.

16°

Enfin pour récompense de ses peines, les Vice-Président et Conseil luy ont fixé pour son gage annuel la somme de trois cent livres tournois.

En témoignage de quoi les présentes ont été munies du sceau ordinaire de la Chancelerie et signé par un secrétaire en conseil le 13e Xbre 1756.

Signé par ordonnance :

RICHARD, secrétaire.

Le quatorze décembre mil sept cent cinquante-six le sieur Fréd.-N. Titot en conséquence des Présentes Lettres d'Etat s'est présenté au Conseil ou il a promis par serment qu'il a prêté sur le St Evangile de se conformer à tous les articles qu'elles renferment.

Dont acte.

Par ordonnance.

Signé : RICHARD.

(Archives communales de Montbéliard. Copie.)

TABLE DES MATIÈRES